Tirso de Molina

La venganza de Tamar

Barcelona **2024**
Linkgua-ediciones.com

Créditos

Título original: La venganza de Tamar.

© 2024, Red ediciones S.L.

e-mail: info@Linkgua-ediciones.com

Diseño de cubierta: Michel Mallard.

ISBN tapa dura: 978-84-9953-798-6.
ISBN rústica: 978-84-9816-522-7.
ISBN ebook: 978-84-9953-267-7.

Sumario

Brevísima presentación

La vida

Tirso de Molina (Madrid, 1583-Almazán, Soria, 1648). España.

Se dice que era hijo bastardo del duque de Osuna, pero otros lo niegan. Se sabe poco de su vida hasta su ingreso como novicio en la Orden mercedaria, en 1600, y su profesión al año siguiente en Guadalajara. Parece que había escrito comedias y por entonces viajó por Galicia y Portugal. En 1614 sufrió su primer destierro de la corte por sus sátiras contra la nobleza. Dos años más tarde fue enviado a la Hispaniola (actual República Dominicana) y regresó en 1618. Su vocación artística y su actitud contraria a los cenáculos culteranos no facilitó sus relaciones con las autoridades. En 1625, el Concejo de Castilla lo amonestó por escribir comedias y le prohibió volver a hacerlo bajo amenaza de excomunión. Desde entonces solo escribió tres nuevas piezas y consagró el resto de su vida a las tareas de la orden.

Argumento bíblico

La venganza de Tamar forma parte de los dramas religiosos (comedias de santos) escritos por Calderón según su interpretación de la Biblia. Refleja las disputas entre los hijos de David para sucederle en el trono y la relación incestuosa que mantendrá Tamar con uno de ellos.

Los hijos de David acaban de volver de la guerra y se preguntan quién sucederá a su anciano padre. Una tarde, Amón, el hijo mayor, oye una voz femenina que canta al otro lado del muro en el harén de su padre. Seducido, descubre que se trata de su propia hermana, y se obsesiona con ella.

Personajes

Abigail, reina
Absalón
Adonías
Aliso
Amón
Ardelio, ganadero
Bersabé
Braulio
David
Dina
Eliazer
Joab
Jonadab
Laureta
Micol
Riselo
Salomón
Tamar
Tirso
Un Criado
Un Maestro de armas

Jornada primera

(Salen Amón, de camino, Eliazer y Jonadab, hebreos.)

Amón   Quitadme aquestas espuelas
y descalzadme estas botas.

Eliazer   Ya de ver murallas rotas,
por cuyas escalas vuelas,
   debes de venir cansado.

Amón   Es mí padre pertinaz;
ni viejo admite la paz,
ni mozo quita del lado
   el acero que desciño.

Jonadab   De eso, señor, no te espantes
quien descabezó gigantes
y comenzó a vencer niño,
   si es otra naturaleza
la poderosa costumbre,
viejo, tendrá pesadumbre
con la paz.

Eliazer   A la grandeza
   del reino que le corona
por sus hazañas subió.

Amón   No soy tan soldado yo
cual de él la fama pregona.
   De los amonitas cerque
David su idólatra corte;
máquinas la industria corte
con que a sus muros se acerque;

que si en eso se halla bien
porque sus reinos mejora,
más quiero, Eliazer, una hora
de nuestra Jerusalén,
    que cuantas victorias dan
a su nombre eterna fama.

Eliazer   Si fueras de alguna dama
alambicado galán,
    no me espanto que la ausencia
te hiciera la guerra odiosa;
que, amor que en la paz reposa,
pierde armado la paciencia.
    Mas, no amando, aborrecer
las armas, que de pesadas
suelen ser desamoradas,
cosa es nueva.

Amón   Sí, Eliazer;
    nueva es, por eso la apruebo;
en todo soy singular;
que no es digno de estimar
el que no inventa algo nuevo.

(Salen Absalón, Adonías y otros, de camino.)

Absalón   No gozaremos las treguas
que el rey da al contrario bien,
no estando en Jerusalén.

Adonías   Corrido habemos las leguas
    que hay de Rabata hasta aquí,
volando.

Absalón	¡Qué bien pensó quien las postas inventó!
Eliazer	No, a lo menos para mí. Doylas a la maldición que, batanando jornadas, me han puesto las dos lunadas como ruedas de salmón.
Absalón	¡Oh, Eliazer! ¿También tú gozas treguas acá?
Eliazer	¿Qué querías?
Amón	¡Oh, mi Absalón, mi Adonías! ¿Aquí?

Absalón	Travesuras mozas
	    nunca, hermano, están despacio;
	troquemos en nuestra tierra
	por las tiendas de la guerra
	los salones de palacio.
	    Diez días que han de durar
	las treguas que al Amonita
	David da, el Amor permita
	sus murallas escalar.

Amón	¿Murallas de Amor?
Absalón	Bien puedes permitirles este nombre. Amando de noche un hombre, ¿no asalta también paredes? ¿Ventanas altas no escala?

¿No ronda? ¿El nombre no da?
¿Trazando ardides no está?
Luego Amor, a Marte iguala.

Amón   No te quiero replicar;
            ya sé que tiene gran parte
            Amor, que es hijo de Marte,
            y lo que hay de Marte a amar.

Absalón   En ti, príncipe, infinito;
            pues, con ser tan gran soldado,
            nunca fuiste enamorado.

Amón   Poco sus llamas permito.
               No sé ser tan conversable
            como mi hermano Absalón.

Absalón   La hermosura es perfección,
            y lo perfecto es amable.
               Hízome hermoso mi suerte
            y a todas me comunico.

Amón   Estás de cabellos rico
            y así puedes atreverte;
               que, a guedeja que les des
            las que muertas, por las tiendas
            te porfían que los vendas,
            tendrán en ti su interés;
               pues, si no miente la fama,
            tanto tu cabeza vale,
            que me afirman que te sale
            a cabello cada dama.

Eliazer   Si así sus defectos salvas

¿qué mucho te quieran bien,
pues toda Jerusalén
te llama Socorre-calvas?
    Y las muchas que compones
debiéndote sus bellezas,
hacen que haya en las cabezas
infinitos Absalones.
    Ristros puedes hacer de ellas.

Absalón   Eliazer, conceptos bajos
             dices.

Eliazer   Fueran ristros de ajos,
             si no es por ti, las más bellas.

Absalón   En fin, ¿el príncipe da
             en no querer a ninguna?

Amón   Hasta encontrar con alguna
             perfecta, no me verá
                 en su minuta el Amor.

Absalón   Elisabet, ¿no es hermosa?

Amón   De cerca no, que es ojosa.

Adonías   ¿Y Ester?

Amón   Tiene buen color,
                 pero mala dentadura.

Eliazer   ¿Delvora?

Amón   Es grande de boca.

Jonadab	¿Atalía?
Amón	Ésa es muy loca, y pequeña de estatura.
Absalón	No tiene falta María.
Amón	¿Ser melindrosa no es falta?
Adonías	¿Dina?
Amón	Enfádame por alta.
Eliazer	¿Rut?
Amón	Es negra.
Jonadab	¿Raquel?
Amón	Fría.
Absalón	¿Aristóbola?
Amón	Es común; habla con ciento en un año.
Absalón	¿Judit?
Amón	Tiene mucho paño, y huele siempre a betún.
Adonías	¿Marta?

14

Amón	Encubre muchos granos.
Eliazer	¿Alejandra?
Amón	Es algo espesa.
Jonadab	¿Jezabel?
Amón	Dícenme que ésa trae juanetes en las manos.
Absalón	¿Zilene?
Amón	Rostro bizarro, mas, flaca e impertinente.
Eliazer	Pues no hallas quien te contente, haz una dama de barro.
Absalón	¡Válgate Dios por Amón! ¡Qué satírico que estás!
Amón	No has de verme amar jamás; tengo mala condición.
Adonías	¿Luego no querrás mañana en la noche, ir a la fiesta y boda que a Elisa apresta la mocedad cortesana?
Amón	¿Con quién se casa?
Adonías	¿Eso ignoras? Con Josefo de Isacar.

Amón	Bella mujer le han de dar.
Absalón	Tú que nunca te enamoras, no la tendrás por muy bella. ¿Piensas ir allá?
Amón	No sé.
Adonías	Hay bravo sarao.
Amón	Iré a danzar, más que no a vella. Pero ha de ser disfrazado si es que máscaras se admiten.
Adonías	En los saraos se permiten.
Amón	¡Lástima tengo al casado con una mujer a cuestas!
Eliazer	Poco en eso te pareces a tu padre.

Amón	Muchas veces
	de ese modo me molestas.
	    Ya sé que a David, mi padre,
	no le han parecido mal,
	testigo la de Nabal
	y Bersabé, hermosa madre
	    del risueño Salomón.

Adonías	Y las muchas concubinas, cuyas bellezas divinas

milagro del mundo son.

Absalón   Gana he tenido de verlas

Amón   Guárdalas el rey, de suerte
que aun no ha de poder la muerte
hallar por donde vencerlas.

Absalón   El recato de palacio
y poca seguridad
de la femenil beldad
no las deja ver despacio.
   Mas, por Dios, que ha pocos días
que a una muchacha que vi
entre ellas, Amón, le di
toda el alma.

Amón   Oye, Adonías,
  del modo que está Absalón.
¿A la mujer de tu padre?

Absalón   Solo perdono a mi madre.
Tengo tal inclinación,
  que con quien celebra bodas,
envidiando su vejez,
me enamoro, y habrá vez
en que he de gozarlas todas.

Amón   La belleza y la locura
son hermanas. Eres bello
y estás loco.

Adonías   A tu cabello
atribuye tu ventura

y no digas desatinos.
Ya es de noche, ¿qué has de hacer?

Absalón   Cierta dama he de ir a ver,
            en durmiendo sus vecinos.

Adonías   Yo me pierdo por jugar.

Amón   Yo que ni adoro ni juego
            leeré versos.

Absalón   Buen sosiego.

Amón   En esto quiero imitar
                a David, pues no le imito
            en amar, ni quiero tanto.

Absalón   Serás poeta a lo santo.

Amón   Los psalmos en verso ha escrito;
                que es Dios la musa perfeta,
            que en él influyendo está.

Adonías   Misterios escribirá,
            que es guerrero y es profeta.

(Vanse Absalón y Adonías.)

Eliazer   ¿Qué habemos de hacer agora?

Amón   No sé qué se me ha antojado.

Eliazer   ¿Mas si estuvieres preñado?

Amón	Tanta mujer que enamora
	  a mi padre, ausente y viejo,
	¿qué puede hacer encerrada?
	pues, es cosa averiguada
	que la que es de honor espejo
	  en la lealtad y opinión,
	en fin, es frágil sujeto
	Y un animal imperfeto.

Jonadab	Si toda la privación
	  es del apetito madre,
	deseará su liviandad
	el hombre, que es su mitad;
	y no estando ya tu padre
	  para fiestas, ya lo ves...

Eliazer	Iráseles en deseos todo el tiempo, sin empleos de su gusto.
Jonadab	Rigor es digno de mirar despacio.
Amón	Bien filosofáis los dos.
Eliazer	Lástima tengo, por Dios, a las damas de palacio encerradas como en hucha.
Amón	El tiempo está algo pesado, y con la noche y nublado la oscuridad que hace, es mucha. ¿Quién duda que en el jardín pedirán limosna al fresco

las damas? Lo que apetezco
he de ejecutar, en fin.
   Curioso tengo hoy de ser.

Eliazer   ¿Pues qué intentas?

Amón   ¿Qué? Saltar
aqueste muro y entrar
dentro del parque, Eliazer,
   y ver qué conversación
a las damas entretiene
de palacio.

Eliazer   Si el rey viene
a saberlo, no es razón
   que le enojes; pues no ignoras
que al que aquí dentro cogiese,
por más principal que fuese
viviría pocas horas;
   que las casas de los reyes
gozan de la inmunidad
de los templos.

Amón   Es verdad;
mas no se entienden las leyes
   con el príncipe heredero.
Príncipe soy de Israel,
el calor que hace es cruel,
y así divertirme quiero.
   En dando yo en una cosa,
ya sabes que he de salir
con ella.

Jonadab   Empieza a subir;

	mas siendo tan peligrosa
	y de tan poco provecho
	no me parece que es justo.

Amón   Provecho es hacer mi gusto.

Eliazer   ¿Y después que le hayas hecho?

Amón   Esto ha de ser, ¡vive Dios!
          Vamos los tres a buscar
          por donde poder entrar.

Eliazer   ¿Entrar, quién?

Amón   Yo, que los dos
          fuera me esperaréis.

Eliazer   Alto.

Amón   Hacia allí he visto unas hiedras,
          que abrazadas a sus piedras,
          aunque el muro está bien alto,
          de escala me servirán.

Eliazer   Vamos, y a subir empieza.
          En dándole en la cabeza
          una cosa, no podrán
          persuadirle a lo contrario
          catorce predicadores.

Jonadab   ¡Qué extraños son los señores!

Eliazer   Y el nuestro, ¡qué temerario!

(Vanse todos. Salen Dina con guitarra, y Tamar.)

Tamar   ¿Viste jamás tal calor?
         Aunque tú mejor lo pasas
         que yo.

Dina   ¿Pues por qué mejor?

Tamar   Porque no juntas las brasas
         del tiempo, al fuego de amor.
            Mas yo, que no puedo más;
         y a mi amor junto el bochorno
         que hace.

Dina   ¡Donosa estás!

Tamar   ¿Qué seré?

Dina   Serás un horno,
         en que a Joab cocerás
            pan de tiernos pensamientos,
         a sustentarle bastantes
         contra recelos violentos.

Tamar   Sí, que en eso a los amantes
         paga Amor en alimentos.

Dina   ¡Notable calma! No mueve
         una hoja el viento siquiera.

Tamar   Si aquesta fuente se atreve
         a aplacar su furia fiera
         que en la taza de oro bebe
            de su arena aqueste prado,

dénos su margen asiento.

Dina   En cojines de brocado
sus flores de ciento en ciento
te ofrecen su real estrado;
 que, en fin, como eres infanta
no te contentas con menos.

Tamar   Pues traes instrumentos, canta;
que en los jardines amenos
así Amor su mal espanta.

Dina   Yo no tengo que espantar,
que no estoy enamorada;
ni al viento puedes llamar;
pues siendo tan celebrada
en la música Tamar
 como en la belleza, a oírte
correrá el céfiro manso,
alegre por divertirte.

Tamar   ¿Lisonjéasme?

Dina   Descanso
si amores llego a decirte.

(Sale Amón, sin ser visto por ellas.)

Amón   La mocedad no repara
en cuanto intenta y procura;
la noche mi gusto ampara,
cuanto me entristece oscura
me alegra esta fuente clara.
 Como no sé dónde estoy,

en cuanto topo tropiezo.
.... [-oy]

Dina   Cuando yo a cantar empiezo,
            treguas a mis penas doy.

Tamar   Dame, pues, ese instrumento.

Amón   Mi deseo se cumplió.
            Aquí hablar mujeres siento.

Tamar   La música se inventó
            en alivio del tormento.

Amón   Cantar quieren; no pudiera
            venir a tiempo mejor.

Tamar   ¡Ay si mi amante me oyera!

Amón   No hay parte en que no entre amor.
            Hasta aquí llegó su esfera.

   (Canta.)

Tamar   «Ligero pensamiento,
            del amor, pájaro alegre,
            que viste la esperanza
            de plumas y alas verdes;
            si fuente de tus gustos
            es mi querido ausente,
            donde amoroso asistes,
            donde sediento bebes,
            tu vuelta no dilates
            cuando a su vista llegues,

24

que me darán tus dichas
envidia si no vuelves.
　　Pajarito que vas a la fuente,
bebe y vente.
　　Correo de mis quejas
serás cuando le lleves
en pliegos de suspiros
sospechas impacientes
Con tu amoroso pico;
si en mi memoria duerme,
del sueño de su olvido
es bien que le despiertes;
castígale descuidos,
amores le agradece,
preséntale firmezas,
favores le promete.
　　Pajarito que vas a la fuente,
bebe y vente.»

Amón　　¡Qué voz tan apacible!
¡Qué quejas tan ardientes!
¡Qué acentos tan suaves!
¡Ay, Dios! ¿Qué hechizo es éste?
A su melifluo canto,
corrido el viento vuelve,
que en fe que se detuvo,
muy bien puede correrse;
y por acompañar
su voz, la hace que temple
los tiples de estas hojas,
los bajos de estas fuentes,
Amor, no sé qué os diga,
si vuestro rigor viene
a oscuras y de noche

porque los ojos cierre,
como a la voz iguale
la belleza que suele
ser ángel en acentos
y en rostro ser serpiente
¡Triunfad, niño absoluto,
de un corazón rebelde,
si rústico, ya noble,
si libre, ya obediente!

Dina   Vuelve a cantar, señora,
que por oírte y verte
el Sol, músico ilustre,
anticiparse quiere.

Amón   Si por verla y oirla
sus rayos amanecen,
¿quién duda que es hermosa?
¿Quién duda que conviene
su cara con su canto?
¡Ay, Dios, quién mereciese
atestiguar de vista
lo que de oídos siente!

Tamar   ¡Qué he de cantar, si lloro!

Amón   Entrad, celos crueles;
servid de rudimentos
con que mi amor comience.
¿Mujer ausente y firme?
¿Celoso yo y presente?
¿Sin ver enamorado?
¿Hoy libre y hoy con leyes?
¡Oh, milagrosa fuerza

de un ciego dios que vence,
sin ojos y con alas,
cuanto desnudo, fuerte!

Dina   Así tu amante goces,
y de tus años cuentes
los lustros a millares
en primavera siempre,
que, prosiguiendo, alivies
el calor que suspendes
y olvidas con oírte.

Tamar   Va, pues que tú lo quieres.

(Canta.)   «¡Ay, pensarniento mío,
cuanto allá te detienes!
¡Qué leve que te partes!
¡Con qué pereza vuelves!
¡Celosa estoy que goces
de mi adorado ausente
la vista con que aplacas
la ardiente sed de verle!
Si acaso de sus labios
el dulce néctar bebes,
que labran sus palabras
y hurtarle algunas puedes.
    Pajarito que vas a la fuente,
bebe y vente.»

Amón   ¿Hay más apacible rato?
¡Espíritus celestiales,
si entre músicas mortales,
ver queréis vuestro retrato,
    venid conmigo! Acercarme

quiero un poco; mas caí.

(Cae.)

Tamar   ¡Ay, cielos! ¿Quién está ahí?

Amón   Ya es imposible ocultarme,
    aunque la noche es de suerte
que mentir mi nombre puedo;
pues con su oscuridad
quedo seguro que nadie acierte
    y vea el traje en que estoy.

Tamar   ¿Qué es esto?

Amón   Déme la mano;
hijo soy del hortelano,
que he caído. Al diablo doy
    la música, que ella hué
ocasión que tropezase
en un tronco y me quebrase
la espinilla, ¿no me ve?

Dina   ¿No veis vos por dónde andáis,
y os hemos de ver nosotras?

Amón   ¡Pardios, damas o quillotras,
lindamente lo cantáis!
    Oyéraos yo doce días
sin dormir.

Tamar   ¿Haos contentado?

Amón   ¡Pardiós, que lo habéis cantado

	como un gigante Golías!
	Dadme la mano, que peso
(Aparte.)	un monte. (Se la tomé.
	Juro que cuando besé
(Bésasela.)	que a la miel me supo el beso.)

| Tamar | Atrevido sois, villano. |

| Amón | ¿Qué quiere? Siempre se vido, |
| | ser dichoso el atrevido. |

| Tamar | Al fin, ¿sois el hortelano? |

| Amón | ¡Sí, pardiez, e inficionado |
| | a músicas! |

| Dina | ¡Buen modorro! |

Amón	¡Pardios, vos tenéis buen chorro!
	Si en la cara os ha ayudado
	como en la voz la ventura,
	con todo os podéis alzar;
	aunque no se suele hallar
	con buena voz la hermosura.

| Tamar | Tosco pensamiento es ése. |

Amón	¿No suele, aunque esto os espanta,
	decirse a la que bien canta:
	«quién te oyese y no te viese»?

| Tamar | Cumpliráos ese deseo |
| | la oscuridad que hace agora. |

Amón	Antes me aburro, señora,
	pues ya que os oí no os veo.
Tamar	Pues, ¿no me habéis conocido?
Amón	Sois tantas las que aquí estáis,
	y de día y noche andáis
	pasando el jardín florido,
	que como no me expliquéis
	vueso nombre, no me espanto
	que no os conozca en el canto;
	porque aunque tal vez lleguéis
	a retozarme, y me quejo
	de más de un pellizco y dos
	que me dais, quizá —¡pardiós!—
	porque el rey, que ya está viejo,
	os cumple mal de josticia,
	tiniendo tanta mujer,
	soy rudo en el conocer.
Tamar	¡Qué villano!
Dina	¡Y qué malicia!
Tamar	¡Fiad burlas de esta gente!
Amón	¿Quiere decirme quién es
	y llevaréla después
	de flor y fruta un presente?
Tamar	Sois muy hablador.
Amón (Aparte.)	(El guante
	de la mano le quité

30

(Quítale el guante de la mano.)

cuando a besarla llegué.)

Tamar   Vamos.

Amón   No se vaya, cante;
         ¡Así le remoce el cielo
         a David, si es su marido!

Tamar   Mi guante se me ha caído.

Amón   Debe de estar en el suelo.
            Hállele —¡pardiós!— que gano
         en hallazgos mucho ya.

Tamar   ¿Qué es de él?

Amón   Tome.

Tamar   Dadle acá.

Amón (Aparte.)   (Beséla otra vez la mano.)

    (Bésasela.)

Tamar   ¿Quién tanta licencia os dio?
         Villano.

Amón   Mi dicha sola.

Tamar   Dadme acá el guante.

Amón   Mamóla.

(Vásele a dar y búrlala.)

Tamar   ¿Luego no le hallaste?

Amón   No.

Tamar   ¿No gustas de lo que pasa?

Dina   Buen jardinero.

Amón (Aparte.)   (De Amor)
             ¿Que pensáis todo esto es flor?

Tamar   Yo haré que os echen de casa.
             ¡Vamos!

Dina   ¿Has de ver mañana
             la boda de Elisa?

Tamar   Sí.

Dina   ¿Qué vestido?

Tamar   Carmesí.

Amón   Seréis un clavel de grana.
(Aparte.)   (De aquí mis venturas saco.)
             Qué, ¿sin cantar más se van?
             ¿Sus nombres no me dirán?

Dina   No, que sois un gran bellaco.

(Vanse.)

Amón   Agora, noche, sí que a oscuras quedo,
          pues un Sol hasta aquí tuve delante;
          libre de amor entré, ya salgo amante;
          reíame antes de él, ya llorar puedo.
              ¡Ay, amorosa voz, oscuro enredo!
          ¡Cifrad vuestra ventura en solo un guante,
          que si iguala a su música el semblante
          victorioso quedáis, yo os lo concedo!
              ¡Cuando más descuidado, más rendido!
          ¡Sin saber a quien quiero, enamorado;
          asaltando murallas y vencido!
              Mas dichoso, rapaz, vuestro cuidado,
          si sacando quién es por el vestido,
          la suerte echáis no en blanco, en encarnado.

(Vase. Salen Absalón, Adonías, Abigail, reina, y Bersabé.)

Abigaíl   ¿Quedaba el rey, mi señor,
          bueno?

Absalón   Alegre salud goza;
          que en el bélico furor
          parece que se remoza
          y le da sangre el valor.

Abigaíl   Quitaréle la memoria
          de nosotras, el deseo
          del triunfo de esa victoria.

Adonías   Amaros es su trofeo;
          conservaros es su gloria.

Absalón	Poca ocasión habrá dado
	a que su olvido os espante;
	pues no sé que se haya hallado,
	ni en guerra, más firme amante,
	ni en paz, más diestro soldado.
	En la más ardua victoria
	es vuestro amor buen testigo
	que tiene, en fe de su gloria,
	la espada en el enemigo
	y en vosotras la memoria.
Adonías	Bien sabe eso Bersabé
	y Abigail no lo ignora.
Abigaíl	Que estoy triste sin él, sé.
Bersabé	Y yo que en su ausencia llora
	quien vive cuando le ve.
Abigaíl	¿Pensáis volveros tan presto
	al cerco?
Adonías	Las treguas son
	tan breves, que el rey ha puesto
	que no sufran dilación.
Absalón	Yo, mañana, estoy dispuesto
	a partirme.
Adonías	Y yo también.
Abigaíl	Escribiré con los dos
	al rey, que si quiere bien
	dedique psalmos a Dios,

seguro en Jerusalén,
   y en la guerra no consuma
la plata que peina helada,
que, aunque en su esfuerzo presuma,
el viejo cuelga la espada
y el sabio juega la pluma.

Absalón   A ambas cosas se acomoda
mi padre.

Bersabé   Galán venís,
Absalón.

Absalón   Soy hoy de boda.

Bersabé   Y vos, infante, salís
para que la corte toda
   se vaya tras vos perdida.

Adonías   Autorizamos la fiesta
que es la novia conocida.

(Salen Amón, muy triste, y Jonadab y Eliazer.)

Eliazer   ¿Qué novedad será ésta,
señor?

Amón   Es mudar de vida.

Jonadab   ¿Qué te sucedió que así
desde que el jardín entraste,
ni duermes, ni estás en ti?

Eliazer   ¿Qué viste cuando llegaste?

Amón	Triste estoy porque no vi.
	Dejadme, que de opinión
	y vida, mudar pretendo;
	no quiero conversación,
	porque va, con quien me entiendo
	solo es mi imaginación.
(Aparte.)	(¡Ay, encarnado vestido,
	si a verme salieses ya!)
Absalón	¡Oh, príncipe!
Abigaíl	¡Amón querido!
Amón	Las treguas que David da
	a veros nos han traído.
Adonías	Y agora el casarse Elisa,
	nuevas fiestas ocasiona
	que dan a las galas prisa.
Amón	Merécelo su persona.
Absalón	Para vos cosa de risa
	son casamientos y amores.
Amón	No sé lo que en eso os diga.

(Sale un Criado.)

Criado	Josefo espera, señores,
	que le honréis.
Adonías	Y él nos obliga

a que le hagamos favores.

Absalón   ¿Venís, príncipe?

Amón   Después,
          que tengo qué hacer agora.

Absalón   Adonías, vamos pues.

  (Vanse todos menos Amón.)

Amón   Salid ya, encarnada aurora,
          prostraréme a vuestros pies,
            salid, celeste armonía
          que en la voz enamoráis,
          vea vuestro Sol mi día,
          y sepa yo si igualáis
          la cara a la melodía.
            ¿Si mudará parecer?
          ¿Si trocará la color
          que mi remedio ha de ser?
          ¿Si querrá vengarse Amor
          de mi libre proceder?
            No lo permitáis, dios ciego;
          sepa yo, pues que me abraso,
          quién es la que enciende el fuego;
          no hagáis de arrogancias caso,
          pues las armas os entrego.
            Ya salen acompañando
          a los desposados, todos.

  (Salen la Música y toda la compañía de dos en dos muy bizarros; y saca
Tamar un vestido rico de carmesí, y los novios detrás; dan una vuelta y én-
transe.)

Dudo, alegre, terno amando;
¡ay, Amor! ¡Por qué de modos
almas estáis abrasando!

Quiero, escondido, de aquí,
ver sin ser visto, si pasa
quien me tiraniza así.
¡Ay Dios, ya el fuego me abrasa
de un vestido carmesí!

¿No es ésta de lo encarnado
mi hermana? ¿No es ésta, cielos,
Tamar? ¡Buena suerte he echado!
¡Ay, imposibles desvelos!
¿De mi hermana enamorado?

¡Malhaya el jardín, amén;
la noche triste y oscura,
mi vuelta a Jerusalén;
malhaya, amén, mi locura,
que para mal de mi bien,

libre me obligó a saltar
los muros de Amor tirano!
¡Alma, morir y callar,
que siendo amante y hermano
lo mejor es olvidar!

Más vale, cielos, que muera
dentro mi pecho esta llama
sin que salga el fuego afuera;
ausente, olvida quien ama,
amor es pasión ligera.

Al cerco quiero partirme,
que a los principios se aplaca
la pasión que no es tan firme.
¡Eliazer!

(Salen Eliazer y Jonadab.)

Eliazer   Gran señor.

Amón   Saca...

Eliazer   ¿Qué quieres?

Amón   Quiero vestirme
        de camino y al campo ir.
        Preven tus botas y espuelas.

Jonadab   Postas voy a prevenir.

Amón   Pero ciego y con pigüelas,
        ¿cómo podrá el sacre huir?
            Deja eso; dame un vaquero
        de tela, sácame un rostro,

(Vanse Eliazer y Jonadab.)

            que hallarme en el sarao quiero.
        De imposibles soy un mostro;
        esperando desespero.
            Ame el delfín al cantor,
        al plátano el persa adore
        a la estatua tenga amor
        el otro, el bruto enamore
        la asiria de más valor;
            que de mi locura vana
        el tormento es más atroz
        y la pasión más tirana,
        pues me enamoró una voz
        y adoro a mi misma hermana.

(Salen Eliazer y Jonadab.)

Jonadab   Aquí están rostro y difraz.

Amón   Vístemé, pues; pero quita
          que este rigor pertinaz
          con la razón precipita
          de mi sosiego la paz
             ¡Dejadme solo! ¿No os vais?

Eliazer (Aparte.)   (¿Qué le habrá dado a este loco?)

(Vanse Eliazer y Jonadab.)

Amón   Penas, si esto amor llamáis,
          en distancia y tiempo poco
          su infierno experimentáis.
             No quiera Dios que un deseo
          desatinado y cruel
          venza con amor tan feo
          a un príncipe de Israel.
          Morir es noble trofeo.
             Incurable es mi dolor;
          pues ya soy vuestro vasallo
          ciego dios, dadme favor
          por que adorar y callallo
          son imposibles de amor.

(Vase. Salen todos los de la boda, y Tamar con ellos, y siéntanse.)

Tamar   Gocéis, Josefo, el estado
          con Elisa, años prolijos,
          con la vejez coronado

de nobles y hermosos hijos,
fruto de amor sazonado.

Josefo   Si vuestra alteza nos da
            tan felices parabienes
            ¿quién duda que gozará
            nuestra ventura los bienes
            que nos prometemos ya?

Elisa   A lo menos descaremos
            toda esa dicha, señora,
            porque con ella paguemos
            lo mucho que desde agora
            a vuestra alteza debemos.

(Sale un Criado.)

Criado   Máscaras quieren danzar.

Tamar   Dése principio a la fiesta.

(Sale Amón de máscara.)

Josefo   El cielo pintó en Tamar
            con una hermosura honesta
            un donaire singular.

(Danzan y entretanto Amón, de máscara, hinca la rodilla al lado de Tamar.)

Amón (Aparte.)   (¿De qué sirve entre los dos
            mi rebelde resistencia,
            Amor, si en fuerzas sois Dios
            y tiráis con tal violencia
            que al fin me lleváis tras vos?

41

Desocupado está el puesto
de mi imposible tirana;
deudor os soy solo en esto.
¡Qué de estorbos, cruel hermana,
en mi amor el cielo ha puesto!)
(Habla a Tamar.)   Por gozar tal coyuntura
bien me holgara yo, señora,
que casara mi ventura
una dama cada hora;
puesto que la noche oscura
también voluntades casa,
hecho tálamo un jardín,
donde, cuando el tiempo abrasa,
con voces de un serafín
hizo cielo vuestra casa.
.... [-ín].
Yo sé quien, antes de veros,
enamorado de oíros,
los árboles lisonjeros
movió anoche con suspiros
y a vos no pudo moveros.
Yo sé quien besó una mano
dos veces —¡fueran dos mil!—
yo sé...

Tamar   Fingido hortelano,
para vuestro mal sutil
y para mi honor villano;
ya el engaño he colegido,
que en fe de su oscuridad,
os hizo anoche atrevido.
La sagrada inmunidad
del palacio habéis rompido;
pero, agradeced que intento

no dar a esta fiesta fin
que lastime su contento;
que hoy os sirviera el jardín
de castigo y escarmiento.

Amón   De castigo, cosa es clara,
que vuestro gusto cumplió
mi fortuna siempre avara,
pero de escarmiento no.
¡Ojalá que escarmentara
  yo en mí mismo! Más no temo
castigos, que el cielo me hizo
sin temor, con tanto extremo
que yo mismo el fuego atizo
y brasas en que me quemo.

Tamar   ¿Quién sois vos, que habláis así?

Amón   Un compuesto de contrarios,
que desde el punto que os vi,
me atormentan, temerarios,
y todos son contra mí.
  Una quimera encantada;
soy una esfinge en quien lucho,
un volcán en nieve helada,
y, en fin, por ser con vos mucho,
no vengo, infanta, a ser nada.

Tamar   ¿Vióse loco semejante?

Amón   Yo sé que anoche perdistes,
porque yo ganase, un guante;
la mano que a un pastor distes
dadla agora a un firme amante.

Tamar	Máscara descomedida, levantaos luego de aquí, que haré quitaros la vida.
Amón	Esa anoche la perdí; tarde vendrá quien la pida. Mas, pues no es bien que un villano más favor de noche hagáis que a un ilustre cortesano, que queráis o no queráis os he de besar la mano.

(Bésala y vase.)

Tamar	¡Ola, matadme ese hombre!
(Levántanse todos.)	¡Dejad la fiesta, seguidle!
Josefo	¿Qué tienes? ¿Qué hay que te asombre?
Tamar	¡No me repliquéis, heridle! ¡Dadle muerte o dadme nombre de desdichada!
Eliazer	Dejemos el sarao, que hacer es justo lo que manda.
Josefo	Siempre vemos que del más cumplido gusto son pesares los extremos.

Fin de la primera jornada

Jornada segunda

(Sale Amón, vistiéndose, muy melancólico, con ropa y montera, y Eliazer y Jonadab.)

Jonadab   No lo aciertas, gran señor,
              en levantarte.

Amón   Es la cama
              potro para la paciencia.

Eliazer   Un discreto la compara
              a los celos.

Amón   ¿De qué modo?

Eliazer   De la suerte que regalan
              cuando pocos, si son muchos,
              o causan flaqueza o matan.

Amón   Bien has dicho. ¡Hola!

Jonadab   Señor.

Amón   Dadle cien escudos.

Eliazer   Pagas
              como príncipe, no solo
              las obras, más las palabras.

Amón   ¿Qué es esto?

Jonadab   Darte aguamanos.

Amón	Si con fuego me lavara pudiera ser que estuviera mejor, pues me abrasa el agua. Dime algo que me entretenga. ¿Qué es la causa de que callas tanto, Eliazer?
Eliazer	No sé cómo darte gusto; ya te enfadas con que hablando te diviertan, ya darte música mandas, ya a los que te hablan despides, y riñes a quien te canta.
Jonadab	Ésta tu melancolía tiene, señor, lastimada a toda Jerusalén.
Eliazer	No hay caballero ni dama que a costa de alguna parte de su salud, no comprara la tuya.
Amón	¿Quiérenme mucho?
Eliazer	Como a su príncipe.
Amón	Basta. No me habléis más en mujeres. ¡Pluguiera a Dios que se hallara medio con que conservar la naturaleza humana sin haberlas menester! ¿Vino el médico?

Jonadab	¿No mandas que ninguno te visite?
Amón	Si supieran como parlan, no estuviera enfermo yo.
Eliazer	No estudian, señor, palabra; sangrar y purgar son polos de su ciencia.
Amón	Y su ganancia.
Jonadab	Todo es seda, ámbar y mulas; si dos de ellos enviara a Egipto o Siria, David, con solas plumas, mataran más que su ejército todo.
Eliazer	Juntáronse ayer en casa de Délbora, seis doctores, que ha días que está muy mala, para consultarse entre ellos la enfermedad, y aplicarla algún remedio eficaz. Apartáronse a una sala, echando la gente de ella; dióle gana a una criada, que bastaba ser mujer, de escuchar lo que trataban; y cuando tuvo por cierto que del mal filosofaban, de la enferma, y experiencias acerca de él relataran,

oyó preguntar al uno:
«Señor doctor, ¿qué ganancia
sacará vuesa merced
una con otra semana?»
Respondió: «Cincuenta escudos,
con que he comprado una granja,
veinte aranzadas de viñas,
y un soto en que tengo vacas;
pero no me descontenta
el buen gusto de las casas
que tuvo vuesa merced».
Dijo otro: «Son celebradas.
No sé qué hacer del dinero
que gano. ¡Cosa extremada
es ver que, sin ser verdugo
porque matamos nos pagan!».
«Dejan eso —replicó
otro—, y decid de qué traza
os fue en el juego de anoche.»
«Perdí, son suertes voltarias,
pero ¿tenéis muchos libros?»
«Doscientos cuerpos no bastan,
con cuatro dedos de polvo,
que ni ellos hablan palabra
ni yo las que encierran miro.
Ostentación e ignorancia
nos han dado de comer;
más ha de cuatro semanas
que no hojeo, si no son
pechugas de pavos, blancas,
lomos de gazapos tiernos
y con pimienta y naranja,
perdiz, pichón y vaquita
—así a la ternera llaman

los hipócritas al uso—.
Pero lo parlado basta;
vamos a ver nuestra enferma,
que estará muy confiada
en nuestra consulta.» Fueron
y dijo el de mayor barba:
«Lo que se saca de aquí
es que al momento se haga
una fricación de piernas,
y por todas las espaldas
la echen catorce ventosas,
las tres o cuatro sajadas.
Pónganla en el corazón
un socrocio, y fomentada
con manteca de azahar,
tenga en el cielo esperanza
que la consulta de hoy
la ha de dar muy presto sana.»
Diéronles doscientos reales
y volviéronse a su casa
bien medrados de la junta
como te he contado.

Amón   Calla,
relator impertinente,
que me atormentas y cansas.
¿Es posible que hables tanto?

Eliazer   ¿Tú, señor, no me lo mandas?
Si callo, te doy pesar;
en hablando me amenazas.
Dios te de sosiego y gusto.

Amón   ¿Qué es aquello? ¡Hola! ¿quién canta?

Jonadab	Músicos que recibistes
	para que sus consonancias
	tu melancólico humor
	alivien.
Amón	¡Industria vana!

(Cantan desde adentro.)

Músicos	«Pajaricos que hacéis al alba
	con lisonjas alegre salva,
	cantadle a Amón,
	que tristezas le quitan la vida
	y no sabe si son de amor,
	y no sabe si de amor son.»
Amón	Hola, Eliazer, Jonadab,
	¡echadlos por las ventanas!
	¡Dadlos muerte! ¡Sepultadlos!
	Haciendo ataúd las tablas
	de sus necios instrumentos
	tendrán sepultura honrada,
	como gusanos de seda
	en sus capullos.
Jonadab	¡Qué extraña
	pasión de melancolía!
Amón	¿No imitan en una casa
	a su señor los criados?
	¿Yo llorando y ellos cantan?
	¿Mi enfermedad les alegra?

(Dichos y sale un Maestro de armas.)

Eliazer   Aquí está el maestro de armas
                que viene a darte lección.

Amón   Dadme, pues, la negra espada,
                aunque pues se queda en blanco
                mi nunca verde esperanza,
                mejor que la espada negra
                pudiera jugar la blanca.

Maestro   Vuelva el cielo, gran señor,
                los colores a tu cara,
                que la tristeza marchita
                con la salud que te falta.

Amón   Retórico impertinente,
                el que es diestro jamás habla;
                jugad las armas callando
                o no os preciéis de las armas.

Maestro   Perdóneme vuestra alteza.
                Dije en la lección pasada
                que con estas dos posturas
                al enemigo se ganan
                medio pie de tierra.

Amón   Siete,
                que son los que a un cuerpo bastan;
                cuando os haya muerto a vos,
                darán quietud a mis ansias.

(Da tras el Maestro.)

Maestro	¿Qué es que hace vuestra alteza?
Amón	Castigar vuestra arrogancia. Necios, el mal que me aflige siendo de amor, no se saca con bélicos instrumentos. Morid todos, pues me matan invisibles enemigos.

(Corre detrás de todos.)

Maestro	Huyamos, mientras se amansa el frenesí de su furia.

(Huyen todos.)

Amón	Si hubiera armas que mataran la memoria que me aflige, ¡qué buenas fueran las armas! Hola, Eliazer, Jonadab, Josefo, Abiatar, Sisara. ¿No hay quien venga a dar alivio al tormento que me abrasa?

(Salen Eliazer y Jonadab.)

Jonadab	Gran señor, sosiégate.
Amón	¿Cómo? Si es quimera mi alma de contradicciones hecha, de imposibles sustentada. ¿No estaba en la cama yo? ¿Quién me ha cubierto de galas? Desnudadme presto, presto.

52

Eliazer   Tú te vistes y levantas
               contra la opinión de todos.

Amón   Mentís.

Jonadab   Desnúdale y calla.

Amón   ¿Yo sedas en vez de luto?
               ¡Ay, libertad malograda!
               ¿Muerta vos y yo de fiestas?
               Sayal negro, jerga basta,
               os tienen de hacer desde hoy
               las obsequias lastimadas.

   (Suenan cajas dentro.)

               ¿Qué es esto?

Jonadab   Gran señor, viene
               tu padre, rey y monarca
               de las doce ilustres tribus,
               entre clarines y cajas,
               triunfando a Jerusalén
               después que por tierra iguala
               del idólatra Amonita
               las ciudades rebeladas.
               Sálenle, con bendiciones,
               músicas, himnos y danzas
               a recibir a sus puertas,
               cubiertas de cedro y palma,
               los cortesanos alegres,
               y la victoria lo cantan
               con que triunfó de Golias

sus agradecidas damas.
Sal a darle el parabién,
y con su célebre entrada
suspenderás tu tristeza.

Amón   Al melancólico agravan
el mal, contentos ajenos.
Idos todos de mi casa,
dejadme a solas en ella,
mientras veis que me acompañan
desesperación, tristeza,
locura, imposibles, rabia,
pues cuando mi padre triunfe
muerte me darán mis ansias.

(Vase Amón.)

Jonadab   ¡Lastimoso frenesí!

Eliazer   ¿Que no se sepa la causa
de tanto mal?

Jonadab   ¿Si es de amor?

Eliazer   A serlo, ¿quién rehusara
a quien hereda este reino?

Jonadab   No sé, por Dios. Mas, pues, calla
la ocasión de su tristeza,
o Amón está loco o ama.

(Vanse. Salen, marchando con mucha música, por una puerta Joab, Absalón, Adonías y tras ellos, David, viejo coronado; por otra puerta salen Tamar, Bersabé, Micol y Salomón. Dan vuelta y dicen:)

David

Si para el triunfo es lícito, adquirido
después de guerras, levantar trofeos,
premio, si muchas veces repetido,
aliento de mis bélicos deseos;
si tras desenterrar del viejo olvido
de asirios, madianitas, filisteos,
de Get y de Canán victorias tantas,
inexhausta materia a plumas santas;
    si después que en los brazos guedejudos
del líbico león, fuerzas bizarras
hipérboles venciendo, hicieron mudos
elogios, que el laurel convierte en parras,
y en juvenil edad miembros desnudos,
galas haciendo las robustas garras
del oso informe entre el crespado vello
como joyas sus brazos me eché al cuello;
    en fin, si tras hazañas adquiridas
en la robusta edad, que Amor dilata,
gravada en su memoria las heridas,
ejecutoria de quien honras trata,
agora a esta pequeña reducidas,
cuando a mi edad el tiempo paga en plata
el oro que le dio juventud leda,
que, pues se trueca y pasa ya es moneda,
    por solo una corona que he quitado
al Amonita rey de los cabellos;
cuatro coronas mi valor premiado
en vuestros ocho brazos gana bellos,
quisiera, con sus círculos honrado,
que brotaran de aqueste otros tres cuellos,
y hecha Jerusalén de Amor teatro,
viera un amante con coronas cuatro.
    Ya Rábata, que corte incircuncisa

del Amonita fue, ruinas solas
ofrece al tiempo que caduco pisa
montes altivos de cerúleas olas;
ya la tristeza trasformada en risa,
muerta Belona, cuatro laureolas
lisonjean mi gozo con sus lazos,
reduciendo mi cuello a vuestros brazos.

Micol querida, que por tantos años
a indigno poseedor diste trofeos,
da envidia a la venganza, a Amor engaños,
al tiempo que contar, y a mí deseos;
dadme entre esos abrazos desengaños
como yo a vuestras aras filisteos,
sus prepucios al rey incircuncisos,
plumas al sabio y a la fama avisos.

Discreta Abigaíl, a quien el cielo
gracia de aplacar cóleras ha dado
del bárbaro pastor en el Carmelo,
premio no merecido ni estimado,
en esos brazos, polos del consuelo,
en quien vive mi amor depositado,
descanse mi vejez, que pues los goza
si largos años cuenta ya está moza.

Hermosa Bersabé, ninfa del baño,
que sirviéndoos de espejo en fuentes frías,
brillando el Sol en ellas, de un engaño
dieron causa a un pequé, lágrimas mías,
ya se restaura en vos el mortal daño
del malogrado por leal Urías,
pues dais quien edifique templo al Arca,
paz a los tiempos y a Israel monarca.

Y vos, mi Salomón, noble sujeto,
en quien vos ciencia infusa deposite,
de la fábrica célebre Arquitecto

que la gloria de Dios en niebla imite,
el Líbano de Hirau grato y discreto
cedros os corta donde eterna habite
la incorrupción que el tiempo no maltrata,
con oro os sirve Ofir, Tarsis con plata.
   Bellísima Tamar, hija querida,
cárcel del Sol, en vuestras hebras preso,
dichosa mi victoria reducida
al triunfo que con veros intereso,
¿cómo estáis?

Tamar   Dando albricias a la vida
que vos ausente en contingencia al seso,
gran señor, puso.

Abigaíl   Y yo de mi deseo
pagando costas, pues que sano os veo.

David   ¿Estáis mi Abigaíl buena?

Abigaíl   A serviros
dispuesta, gran señor, eternamente.

David   ¿Ves hermosa Micol?

Micol   Tristes suspiros
en gozo trueco, pues os veo presente.

David   ¿Y vos, mi Bersabé?

Bersabé   De ver veniros
tierno en amores, si en valor valiente,
ríndoos toda el alma por despojos,
que a gozaros se asoma por los ojos.

David   Ésta corona, peso de un talento,
o veinte mil ducados, rica y bella,
lo fue del Amonita, que os presento
alegre en ver que sois la piedra de ella.
Mi general Joab, merecimiento
de la fama, que envidias atropella,
de mi victoria la ocasión ha sido
valiente capitán, si comedido.
    A Rábata redujo a tanto aprieto,
que cifrando su sed, asoló un pozo;
dejó su asalto de llevar a efeto
y ser ejecución de su destrozo,
por avisarme a lealtad sujeto,
que a mis victorias aplicase el gozo
de esta conquista que su fe publica
las veces que Israel me la dedica.
    Dadle las gracias de ella.

Joab   En esas plantas,
puesta la boca, quedaré premiado,
pues a mayores glorias me levantas
con solo el nombre —ioh rey!— de tu soldado.
Cuelga ante el Arca con tus armas santas
trofeos que a la envidia den cuidado,
y al arpa dulce, de tu gusto abismo
cántate las victorias a ti mismo.

David   Hablad a mi Absalón, a mi Adonías,
diestros en guerra, si en la paz galanes.

Absalón   A tu lado, señor, ¿qué valentías
podrán dar luz a ilustres capitanes?

Salomón   Dadnos los brazos.

Abigaíl   Vieron nuestros días,
             al tremolar hebreos tafetanes,
             juntar en dos sujetos la ventura,
             el esfuerzo abrazando a la hermosura.

David   Mi Amón; mi mayorazgo; el primer fruto
             de mi amor ¿cómo está?

Abigaíl   Dando a tu corte
             tristeza en verle, a su pesar tributo,
             priva a la muerte que sus años corte,
             llanto a sus ojos, y a nosotras luto;
             pues callando su mal, no hay quien reporte
             la pálida tristeza que, enfadosa,
             gualdas siembra en su cara y hurta rosa.

Salomón   No hay médico tan célebre que acierte
             la causa de tan gran melancolía;
             ni con música o juegos se divierte,
             ni va a cazar, ni admite compañía.

Bersabé   A los umbrales llama de la muerte
             para dar a tu reino un triste día.

Abigaíl   Háblale, y el dolor que le molesta
             aliviarás; su cuadra es, señor, ésta.

   (Corren una cortina y descubren a Amón sentado en una silla y muy
triste.)

David   ¿Qué es esto, amado heredero?
             Cuando tu padre dilata

59

reinos que ganarte trata,
por ser tú el hijo primero,
    dejándote consumir
de tus imaginaciones,
¿luto al triunfo alegre pones
que me sale a recibir?
    Diviértante los despojos
que toda tu corte ha visto;
todo un reino te conquisto,
alza a mirarme los ojos;
    llega a enlazar a mi cuello
los brazos, tu gusto admita
esta corona, que imita
el oro de tus cabellos.
    ¡Hijo! ¿No quieres hablarme?
Alza la triste cabeza
si ya con esa tristeza
no pretendes acabarme.

Absalón   Hermano, ¿la cortesía
cuándo no tuvo lugar
en vuestro pecho, a pesar
de cualquier melancolía?
    Mirad que el rey, mi señor
y padre, hablándoos está.

Adonías   Si Adonías causa da
a conservar el amor
    que en vos mostró la experiencia,
por él os ruego que habléis
a un monarca que tenéis
llorando en vuestra presencia.

Salomón   No agüéis tan alegre día.

Todos	Príncipe, volved en vos.

David	¡Amón!

Amón   ¡Oh, válgame Dios,
              qué impertinente porfía!

(Alza la cabeza muy triste.)

David   ¿Qué tienes, caro traslado
              de este triste original,
              que en alivio de tu mal,
              de todo el hebreo estado
                la mitad darte prometo?
              Gózale y no estés así;
              pon esos ojos en mí,
              de todo mi gusto objeto.
                No se oscurezca el Apolo
              de tu cara; el mal despide.
              ¿Qué quieres? ¡Háblame, pide!

Amón   Que os vais y me dejéis solo.

David   Si en esto tu gusto estriba,
              no te quiero dar pesar;
              tu tristeza ha de causar
              que yo sin consuelo viva.
                Aguado has el regocijo
              con que Israel se señala.
              Pero ¿qué contento iguala
              al dolor que causa un hijo?
                ¿Qué no mereciera yo
              aunque fingiéndolo fuera,

una palabra siquiera
de amor? ¿Dirásme que no?
   ¡Príncipe, un mirarme solo!
¡Cruel con mis canas eres!
¿Qué has? ¿Qué sientes? ¿Qué quieres?

Amón   Que os vais y me dejéis solo.

Absalón   El dejarle es lo más cuerdo,
pues persuadirle es en vano.

David   ¿Qué vale el reino que gano,
hijos, si al príncipe pierdo?

(Vanse; y al entrarse Tamar, llámala Amón y levántase de la silla.)

Amón   ¡Tamar! ¡Ah, Tamar! Señora.
¡Ah, hermana!

Tamar   ¡Príncipe mío!

Amón   Oye de mi desvarío
la causa que el rey ignora.
      ¿Quieres tú darme salud?

Tamar   A estar su aumento en mi mano,
sabe Dios, gallardo hermano,
con cuánta solicitud
   hierbas y piedras buscara,
experiencias aprendiera,
montes ásperos subiera,
filósofos consultara,
   para volver a Israel
un príncipe, que la muerte

                    pretende quitarle.

Amón   Advierte
                    que no siendo tú cruel,
                        sin piedras, drogas ni hierbas,
                    metales, montes o llanos,
                    está mi vida en tus manos,
                    y que en ellas la conservas.
                        Toma este pulso; en él pon
(Tómale.)   los dedos como instrumento,
                    a cuyo encendido acento
                    conceptos del corazón
                        entiendas.

Tamar   Desasosiego
                    muestra.

Amón   Cáusanle mis penas.
                    Sangre encierran otras venas;
                    en las mías todo es fuego

    (Tómale a Tamar las manos.)

                        ¡Ay, manos que el alma toca,
(Bésaselas.)   pagando en besos agravios!
                    ¡Quién se hiciera todo labios
                    para gloria de esta boca!

Tamar   Por ser tu hermana, consiento
                    los favores que me haces.

Amón   Y porque así satisfaces
                    la pena de mi tormento.

Tamar	Dime ya tu mal; acaba.
Amón	¡Ay, hermana, que no puedo! Es freno del alma el miedo. Darte parte de él pensaba... pero... vete, que es mejor morir mudo. ¿No te vas?
Tamar	Si determinado estás en eso, sigo tu humor. Voyme. Adiós.
Amón	¡Crueldad extraña!
Tamar	Oye, vuelvo.
Amón	Pero... vete.
Tamar	Alto.
Amón	Vuelve y contaréte el fiero mal que me engaña.
Tamar	Si de una hermana no fías tu secreto, ¿qué he de hacer?
Amón (Aparte.)	(De ser hermana y mujer, nacen mis melancolías.) ¿Posible es que no has sacado por el pulso mi dolor?
Tamar	No sé yo que haya doctor que tal gracia haya alcanzado. Si hablando no me lo enseñas,

mal tu enfermedad sabré.

Amón   Pues, yo del pulso bien sé
        que es lengua que habla por señas.
           Pero pues no conociste
        por él tanto desvarío,
        en tu nombre y en el mío,
        hermana, mi mal consiste
           ¿No te llamas tú Tamar?

Tamar   Ese apellido heredé.

Amón   Quítale al Tamar la T,
        ¿y dirá, Tamar...?

Tamar   «Amar.»

Amón   Ése es mi mal; yo me llamo
        Amón; quítale la N.

Tamar   Serás «amo».

Amón   Porque pene,
        mi mal es amar; yo amo.
           Si esto adviertes, ¿qué preguntas?
        ¡Ay, bellísima Tamar,
        amo y es mi mal amar,
        si a mi nombre el tuyo juntas!

Tamar   Si como hay similitud
        entre los nombres, la hubiera
        en las personas, yo hiciera
        milagros en tu salud.

Amón	Amor, ¿no es correspondencia?
Tamar	Así le suelen llamar.

Amón	Pues si entre Amón y Tamar
	hay tan poca diferencia,
	  que dos letras solamente
	nos distinguen, ¿por qué callo
	mi mal, cuando medios hallo
	que aplaquen mi fuego ardiente?
	  Yo, mi Tamar, cuando fui
	contra el amonita fiero,
	y en el combate primero
	del rey, mi padre, seguí
	  las banderas y el valor,
	vi sobre el muro una tarde
	un Sol bello haciendo alarde
	de sus hazañas de amor.
	  Quedé ciego en la conquista
	de sus ojos soberanos
	y sin llegar a las manos
	me venció sola su vista.
	  Desde entonces me alistó
	Amor entre sus soldados;
	supe lo que eran cuidados
	que hasta aquel instante, no.
	  Tiré sueldo de desvelos,
	sospechas me acompañaron,
	imposibles me animaron,
	quilataron mi amor celos;
	  y procurando saber
	quién era la causa hermosa
	de mi pasión amorosa
	en que me siento encender,

supe que era la princesa,
hija del bárbaro rey,
contraria en sangre y en ley,
si una sola amor profesa.
    Y, como imposibilita
la nuestra el mezclarse, hermana,
sangre idólatra y pagana
con la nuestra israelita,
    viendo mi amor imposible,
a la ausencia remití
mi salud, porque creí
que de su rostro apacible
    huyendo, el seso perdido,
a pesar de tal violencia,
ejecutara la ausencia
los milagros del olvido.
    Volvíme a Jerusalén,
dejé bélicos despojos,
quise divertir los ojos,
que siempre en su daño ven,
    pero, ni conversaciones,
cazas, juegos o ejercicios,
fueron remedios, ni indicios
de aplacarse mis pasiones.
    Creció mi mal de día en día
con la ausencia; que quien ama,
espuelas de amor la llama,
y, en fin, mi melancolía
    ha llegado a tal extremo
que aborrezco lo que pido,
lo que me da gusto olvido,
y me anima lo que temo.
    Aguardé a mi padre el rey
para que, cuando volviese,

por esposa me la diese;
que, aunque de contraria ley
   la nuestra, hermana, dispensa
del Deuteronomio santo,
con que cuando amare tanto
como yo, y casarse piensa
   con mujer incircuncisa
ganada en lícita guerra,
la traiga a su casa y tierra
donde en paz sus campos pisa,
   le quite el gentil vestido
y la adorne de otros bellos,
le corte uñas y cabellos
y pueda ser su marido.
   Esta esperanza en sosiego
hasta agora conservé,
pero ya, infanta, que sé
que mi padre a sangre y fuego
   la ciudad de quien adoro
destruyó, quedando en ella
muerta mi idólatra bella;
sangre por lágrimas lloro.
   Éste es mi mal, imposible
de sanar; ésta mi historia.
Consérvala mi memoria
para hacerla más terrible.
   ¡Ten piedad, hermana bella,
de mí!

Tamar   Dios, hermano, sabe
si cuanto es tu mal más grave
me aflige más tu querella.
   Mas yo ¿cómo puedo Amón
remediarte?

Amón	Bien pudieras, si tú, mi Tamar, quisieras.
Tamar	Ya espero la conclusión.

Amón	Mira, hermana de mi vida,
	aunque es mi pasión extraña
	como es niño Amor, se engaña
	con cualquier cosa fingida.
	    Llora un niño, y a su ama
	pide leche, y dale el pecho
	tal vez otra, sin provecho,
	donde, creyendo que mama
	    solamente se entretiene.
	¿No has visto fingidas flores
	que, en apariencia y colores
	la vista a engañarse viene?
	    Juega con la espada negra
	en paz, quien la guerra estima,
	engañando con la esgrima
	las armas con que se alegra;
	    hambriento he yo conocido
	que de partir y trinchar
	suele más harto quedar
	que los otros que han comido;
	    pues mi amor, en fin, rapaz,
	si a engañarle hermana llegas,
	si amorosas tretas juegas,
	si tocas cajas en paz,
	    si le das fingidas flores,
	si el pecho toma a un engaño,
	si esgrime seguro el daño,
	si de aparentes favores

trincha el gusto que interesa,
podrá ser, bella Tamar,
que sin que llegue al manjar
le satisfaga la mesa.
　　Mi princesa malograda
fue imagen de tu hermosura;
suspender mi mal procura
en su nombre transformada.
　　Sé tú mi dama fingida;
consiente que te enamore,
que te ronde, escriba, llore,
cele, obligue, alabe, pida;
　　que el ser mi hermana, asegura
a la malicia sospechas,
y mis llamas satisfechas
al plato de tu hermosura,
　　mientras el tiempo las borre,
serás fuente artificial,
que alivia al enfermo el mal,
sin beber, mientras que corre.

Tamar 　　Si en eso estriba no más,
caro hermano, tu sosiego,
tu gusto ejecuta luego,
que en mí tu dama hallarás,
　　quizá más correspondiente
que la que así te abrasó.
Ya no soy tu hermana yo;
preténdeme diligente,
　　que, con industrioso engaño,
mientras tu hermana soy,
para que sanes, te doy
de término todo este año.

Amón   ¡Oh, lengua medicinal!
              ¡Oh, manos de mi ventura!

   (Besa las manos de Tamar.)

              ¡Oh, cielo de la hermosura!
              ¡Oh, remedio de mi mal!
                Ya vivo, ya puedo dar
              salud a mi mortal llama.

Tamar   ¿Dícesme eso como a dama,
              o solo como a Tamar?

Amón   Como a Tamar hasta agora;
              más, desde aquí, como a espejo
              de mi amor.

Tamar   ¿Luego ya dejo
              de ser Tamar?

Amón   Sí, señora.

Tamar   ¿Princesa soy amonita?

Amón   Finge que en tu patria estoy,
              y que hablar contigo voy
              al alcázar, donde habita
                tu padre, el rey, que cercado
              por el mío, está afligido;
              y yo en tu amor encendido,
              después de haberte avisado
                que esta noche te he de ver,
              entro atrevido y seguro
              por un portillo del muro,

71

y tú, por corresponder
con mi amor, a recibirme
sales.

Tamar   ¡Donosa aventura!
Comienzo a hacer mi figura.
(Aparte.)   (No haré poco en no reírme.)

Amón   Entro, pues. Árboles bellos
de este jardín, cuyas hojas
son ojos, que mis congojas
llora amor por todos ellos,
¿habéis visto a quien adoro?
Pero sí, visto la habéis,
pues el ámbar que vertéis
condensado en gotas de oro,
de su vista le heredáis.

Tamar   ¿Si habrá el príncipe venido?
¿Sois vos, mi bien?

Amón   ¿Que he adquirido
el blasón con que me honráis?
¡Dichoso mi amor mil veces!

Tamar   ¿Venís solo?

Amón   No es discreto
el amor que no es secreto.
¿Cómo, amores, no me ofreces
esos brazos amorosos
que con mis suspiros merco?
Pues que con los míos os cerco,
cielos de amor luminosos,

72

zona soy que se corona
con los signos de oro bellos
de esos hermosos cabellos;
estrellas son de esa zona
  esos ojos, esas manos
que al cristal envidia dan;
la vía láctea serán
de mis gustos soberanos.
  ¡Ay mis manos, que me abraso

(Besa las manos a Tamar.)

si a los labios no os arrimo
con que sus llamas reprimo!
Remediadme.

Tamar   Paso, paso,
  que no os doy tanta licencia.

Amón   ¿Dícesme eso como a hermano,
  o como amante, que ufano
  está loco en tu presencia?

Tamar   Como a hermano y a galán;
  que si de veras te abrasas,
  las leyes de hermano pasas;
  y si favores te dan
    ocasión de que así estés
  la primera vez que vienes
  a ver tu dama, no tienes
  de medrar por descortés.
    Basta, por agora, esto.
  ¿Cómo te sientes?

Amón	Mejor.
Tamar	¡Donosas burlas!
Amón	De amor.
Tamar	Ya es sospechoso este puesto. Vete.
Amón	¿No eres tú mi hermana?
Tamar	El serio recato pide.
Amón	Como a galán me despide.
Tamar	Vaya, pues esto te sana.
Amón	Adiós, dulce prenda.
Tamar	Adiós.
Amón	¿Queréisme mucho?
Tamar	Infinito.
Amón	¿Y admitís mi amor?
Tamar	Sí admito.
Amón	¿Quién es vuestro esposo?
Tamar	Vos.
Amón	¿Vendré esta noche?

Tamar	A las once.
Amón	¿Olvidaréisme?
Tamar	En mi vida.
Amón	¿Quedáis triste?
Tamar	Enternecida.
Amón	¿Mudaréisos?
Tamar	Seré bronce.
Amón	¿Dormiréis?
Tamar	Soñando en vos.
Amón	¡Qué dicha!
Tamar	¡Qué dulce sueño!
Amón	¡Ay mi bien!
Tamar	¡Ay caro dueño!
Amón	Adiós, mis ojos.
Tamar	Adiós.

(Vase Amón. Sale Joab, que ha estado escuchando escondido.)

Joab	Escuchando de aquí he estado,

aunque a mi pesar, finezas,
requiebros, gustos, ternezas
de un amor desatinado.

    ¿Úsanse entre los hermanos,
aun de la gente perdida,
esto de mi bien, mi vida,
ceñir cuellos, besar manos?

    «¡Ay, mi esposa!» «¡Ay caro dueño!»
«¿Mudaráste?» «Seré bronce.»
«Vendré esta noche?» «A las once.»
«¿Soñaré en ti?» «¡Dulce sueño!»

    No sé yo que haya señales
de una hermanada afición
como éstas, si ya no son
Tamar, de hermanos carnales.

    En pago de mis hazañas
pedirte al rey pretendí,
por esta causa emprendí
dificultades extrañas.

    El primero que asaltó
a vista del campo hebreo
con muerte del jebusco
muros en Sión, fui yo.

    Su capitán general
el rey profeta me hizo,
con que en parte satisfizo
mi pecho noble y leal.

    En muestras de este deseo
siempre que a la guerra fui,
partí, llegué, vi y vencí;
y agora llego, entro y veo

    amores abominables,
ofensas de Dios, del rey,
de tu sangre, de tu ley;

y con efectos mudables,
   olvidados mis servicios,
menospreciado mi amor,
mal pagado mi valor
y de tu deshonra indicios.
   Mas, gracias a Dios, que ha sido
en tiempo que queda en pie
mi honra. Desde hoy haré
altares al cuerdo olvido;
   al rey diré lo que pasa
como testigo de vista,
pues, cuando extraños conquista,
afrentáis propios su casa;
   y, mientras hace el olvido
en mi pecho habitación,
en el incestuoso Amón
tendrás hermano y marido.

Tamar   Oye, espera, Joab valiente;
así alargue Dios tus años
que escuches los desengaños
de un amor, solo aparente.
   Si a un loco que con furor
rey se finge, el que es discreto
por librarle de un aprieto
le va siguiendo el humor,
   le entitula majestad,
le habla hincada la rodilla,
cual vasallo se le humilla,
y teme su autoridad,
   con que su fuerza sosiega;
a que adviertas te provoco
que está Amón de amores loco,
y que de esta pasión ciega

ha de morir brevemente
con que a mi padre ha de dar,
si no le mata el pesar,
vejez triste e inclemente.

    Quiso a una dama amonita
que con los demás murió
cuando a Rábata asaltó
la venganza israelita.

    Tiénela en el alma impresa
y la ama sin esperanza,
dice soy su semejanza,
y que si del mal, me pesa,

    que le abrasa, finja ser
la que adora, y cuando venga,
con amores le entretenga.
Es mi hermano, sé el poder

    del ciego amor que le quema,
y para que poco a poco
aplaque el tiempo a este loco
seguí, como ves, su tema.

    Mas, pues resulta en tu daño
y en riesgo de mi opinión,
muérase mi hermano Amón
y cese desde hoy tu engaño.

    Si él ama, yo amo también
las partes de un capitán,
el más valiente y galán
que ha visto Jerusalén.

    Pídeme a mi padre luego,
que otras hijas ha casado
con vasallos que no han dado
las muestras que en ti a ver llego,

    y no ofenda esta maraña
el valor de mi firmeza,

ni un amor en la corteza
que a un enfermo amante engaña.

Joab   Conozco tu discreción
y tus virtudes no ignoro;
tu honesta hermosura adoro
y celebro tu opinión.
    No haya más celos, ni enojos;
perdone a Joab, Tamar,
que desde hoy jura no dar
crédito ni fe a sus ojos.
    Si ser tu esposo intereso,
será premio de mi amor;
en fe de aquese favor
la mano, hermosa, te beso.

(Vase Joab. Sale Amón al mismo tiempo que Joab besa la mano a Tamar.)

Amón   Besar la mano donde el labio ha puesto
su príncipe, un vasallo, es hecho aleve;
que el vaso se reserva donde bebe
el caballo, el vestido y el real puesto.
    Como hermano, es mi agravio manifiesto;
como amante, a furor mi pecho mueve.
¡Ídolo de mi amor, hermana leve!
¿Tan presto atormentar? ¿Celos tan presto?
    Como amante ofendido y como hermano
a locura y venganza me provocas.
Daré la muerte a tu Joab villano,
    y cuando niegues tus mudanzas locas,
desmentiráte tu besada mano,
pues por tener con qué, buscó dos bocas.

Tamar   Ya sea, Amón., tu hermana, ya tu dama,

aquella verdadera, ésta fingida,
quimeras deja, tu pasión olvida
que enferma, porque tú sanes, mi fama.
   Si una difunta en mí busca tu llama,
diré que estoy para tu amor sin vida;
si siendo hermana soy de ti oprimida,
razón es que aborrezca a quien me infama.
   No me hables más palabras disfrazadas,
ni con engaños tu afición reboces
cuando Joab honesto amor pretenda;
   que andamos yo y tu dama muy pegadas,
y no sé yo como tu intento goces,
sin que la una de las dos se ofenda.

(Vase Tamar.)

Amón   ¿Así te vas, homicida?
¿Con palabras tan resueltas,
la venda y la herida sueltas
para que pierda la vida?
   Pues yo te daré venganza,
cruel, mudable Tamar;
que, en fin, acabas en mar
por ser mar en la mudanza.
   ¡Que me abraso, ingratos Cielos,
que me da muerte mi rigor!

(Sale Jonadab.)

Jonadab   ¿Qué es aquesto, gran señor?

Amón   Mal de corazón, de celos.

Jonadab   ¿Celos? ¿No sabré yo, acaso,

de quién?

Amón   Sí, que pues me muero
ni puedo callar, ni quiero.
Por Tamar de amor me abraso.

Jonadab   ¿Qué dices?

Amón   No me aconsejes;
dame muerte, que es mejor.

Jonadab   Desatinado es tu amor;
mas, para que no te quejes
  de mi lealtad conocida,
tu pasión quiero aliviar.
Pierda su honra Tamar
y no pierdas tú la vida.
    Fíngete malo en la cama.

Amón   No es mi tormento ficción.

Jonadab   Disimula tu afición
y al rey, que te adora, llama.
  Pídele que venga a darte
Tamar, tu hermana, a comer;
y cuando esté en tu poder,
no tengo que aconsejarte,
  discreto eres. La ocasión
lo que has de hacer te dirá.

Amón   En ese remedio está
mi vida o mi perdición.
    Ve por mi padre. ¿Qué aguardas?

Jonadab (Aparte.)   (Como andas a tiento, amor
                   no distingues de color,
                   ni a hermanos respeto guardas.)

    (Vase Jonadab.)

Amón   Si amor consiste solo en semejanza,
              y tanto los hermanos se parecen,
              que en sangre, en miembros y en valor merecen
              igual correspondencia y alabanza,
                  ¿qué ley impide lo que Amor alcanza?
              De Adán, los mayorazgos nos ofrecen,
              siendo hermanos, ejemplos que apetecen
              lo mismo que apetece mi esperanza.
                  Perdones, pues, la ley que mi amor priva,
              vedando que entre hermanos se conserve;
              que la ley natural en contra alego.
                  Amor, que es semejanza, venza y viva;
              que, si la sangre, en fin, sin fuego, hierve,
              ¿qué hará sangre que tiene tanto fuego?

    (Salen David, Jonadab y Eliazer.)

David   De que envíes a llamarme,
              hijo, arrimo de mi vida,
              ya mi tristeza se olvida,
              ya vuelves a consolarme.
                  Habla, no repares, pide.

Amón   Padre, mi flaqueza es tanta,
              que la muerte se adelanta,
              si tu favor no lo impide.
                  No puedo comer bocado,
              ni hay manjar tan exquisito,

que alentando el apetito,
mi salud vuelva a su estado.
    Como el mal todo es antojos,
paréceme, padre, a mí
que a venir Tamar aquí,
con solo poner los ojos
    y las manos en un pisto,
una sustancia o bebida,
términos diera a la vida,
que ya de camino has visto.
    ¿Quiere, señor, vuestra alteza,
concederme este favor?

David   Poco pides a mi amor:
             si así alivias tu tristeza,
                 Tamar vendrá diligente.

Amón   Beso tus pies.

David   Eso es justo.

Amón   Guisa Tamar a mi gusto,
             y entiéndele solamente.

David   No le quiero dilatar;
             voy a llamar a la infanta.

  (Vase David.)

Amón   Eliazer, dime algo, canta
             si alivia a amor el cantar.

  (Canta.)

Eliazer   «Cuando el bien que adoro
             los campos pisa,
             madrugando el alba,
             llora de risa.
             Cuando los pies bellos
             de mi niña hermosa
             pisan, juncia y rosa,
             ámbar salen de ellos;
             va el campo a prenderlos
             con grillos de flores,
             y muerta de amores,
             si el Sol la avisa,
             madrugando el alba
             llora de risa.»

(Sale Tamar con una toalla al hombro y una escudilla de plata entre dos platos de lo mismo.)

Tamar   Mandóme el rey, mi señor,
             que a vuestra alteza trujese
             de mi mano, que comiese,
             porque conozco su humor;
             ya no tendrá buen sabor
             si de gusto no ha mudado,
             porque aunque yo lo he guisado,
             si llaman gracia a la sal,
             yo vendré, príncipe, tal,
             que no estará sazonado.

Amón   Jonadab, salte allá fuera,
             cierra la puerta, Eliazer,
(Vanse los dos.)   que a solas quiero comer
             manjares que el alma espera.

84

Tamar	Lo que haces considera.
Amón	No hay ya que considerar; tú sola has de ser manjar del alma a quien avarienta tanto ha que tienes hambrienta, pudiéndola sustentar.
Tamar	Caro hermano, que harto caro me saldrás si eres cruel; príncipe eres de Israel, todos están en tu amparo; mi honra es espejo claro donde me remiro y precio; no sufrirá su desprecio si le procuras quebrar, ni tú otro nombre ganar que de amante torpe y necio.
(Retirándose.)	Tu sangre soy.
Amón	Así te amo.
Tamar	Sosiega.
Amón	No hay sosegar.
Tamar	¿Qué quieres?
Amón	Tamar, amar.
Tamar	¡Detente!
Amón	Soy Amón, amo.

Tamar	¿Si llamo al Rey?
Amón	A Amor llamo.
Tamar	¿A tu hermana?
Amón	Amores gusto.
Tamar	¡Traidor!
Amón	No hay amor injusto.
Tamar	Tu ley...
Amón	Para Amor no hay ley.
Tamar	Tu rey...
Amón	Amor es mi rey.
Tamar	Tu honor...
Amón	Mi honor es mi gusto.

Fin de la segunda jornada

Jornada tercera

(Salen Amón echando a empellones a Tamar, Eliazer y Jonadab.)

Amón   ¡Vete de aquí; salte fuera,
veneno en taza dorada,
sepulcro hermoso de fuera,
arpía que en rostro agrada,
siendo una asquerosa fiera!
   Al basilisco retratas,
ponzoña mirando arrojas.
¡No me mires, que me matas!
¡Vete, monstruo, que me aojas
y mi juventud maltratas!
   ¿Que yo te quise? ¿Es posible
que yo te tuve afición?
Fruta de Sodoma horrible,
en la médula carbón
si en la corteza apacible.
   ¡Sal fuera, que eres horror
de mi vida y su escarmiento!
¡Vete, que me das temor!
Más es mi aborrecimiento,
que fue primero mi amor.
   ¡Hola, echádmela de aquí!

Tamar   Mayor ofensa e injuria
es la que haces contra mí,
que fue la amorosa furia
de tu torpe frenesí.
   ¡Tirano de aqueste talle,
doblar mi agravio procura
hasta que pueda vengalle!
Mujer gozada es basura;

haz que me echen a la calle.
   Ya que así me has deshonrado,
lama el plato en que has comido,
un perro, al suelo arrojado.
Di que se ponga el vestido,
que has roto ya, algún criado.
   Honra con tales despojos
a quien se empleó en servirte,
y a mi dame más enojos.

Amón   ¡Quién por no verte ni oírte,
sordo naciera y sin ojos!
   ¿No te quieres ir, mujer?

Tamar   ¿Dónde iré sin honra, ingrato,
ni quién me querrá acoger
siendo mercader, sin trato,
deshonrada una mujer?
   Haz de tu hermana más cuenta,
ya que de ti no la has dado;
no añadas afrenta a afrenta,
que en cadenas del pecado,
perece quien las aumenta.
   Tahúr de mi honor has sido;
ganado has, por falso modo,
joyas que en vano te pido.
Quítame la vida y todo,
pues ya lo más he perdido.
   No te levantes tan presto,
pues es mi pérdida tanta,
que aunque el que pierde es molesto,
el noble no se levanta
mientras en la mesa hay resto.
   Resto hay de la vida, ingrato;

	pero es vida sin honor,
	y así de perderla trato.
	Acaba el juego, traidor;
	dame la muerte en barato.

Amón	¡Infierno, ya no de fuego,
	pues helando me atormentas!
	¡Sierpe, monstruo, vete luego!

Tamar	El que pierde, sufre afrentas
	porque le mantengan juego.
	¡Mantenme juego, tirano,
	hasta acabar de perder
	lo que queda! Alza, villano,
	la mano; quítame el ser,
	y ganarás por la mano.

Amón	¿Vióse tormento como éste?
	¡Hola! ¿No hay ninguno ahí?
	¡Que esto un desatino cueste!

Eliazer	¿Llamas?

Amón	Echadme de aquí
	esta víbora, esta peste.

Eliazer	¿Víbora, peste? ¿Qué es de ella?

Amón	Llevadme aquesta mujer,
	cerrad la puerta tras ella.

Jonadab	Carta, Tamar, viene a ser;
	leyóla y quiere rompella.

Amón	Echadla a la calle.
Tamar	Así estaré bien, que es razón, ya que el delito fue aquí, que por ellas dé un pregón, mi deshonra, contra ti.
Amón	Voyme por no te escuchar.

(Vase Amón.)

Jonadab	¡Extraño caso, Eliazer, tal odio tras tanto amar!
Tamar	Presto, villano, has de ver la venganza de Tamar.

(Vanse todos. Salen Absalón y Adonías.)

Absalón	Si no fueras mi hermano, o no estuvieras en palacio, ambicioso, brevemente hoy, con la vida bárbara, perdieras el deseo atrevido e imprudente.
Adonías	Si en tus venas la sangre no tuvieras con que te honró mi padre indignamente, yo hiciera que quedándose vacías, de púrpura calzarán a Adonías.
Absalón	¿Tú pretendes reinar, loco villano? ¿Tú, muerto Amón del mal que le consume, subir al trono, aspiras, soberano que en doce tribus su valor resume?

¿Que soy no sabes tu mayor hermano?
¿Quién competir con Absalón presume,
a cuyos pies ha puesto la ventura
el valor, la riqueza y la hermosura?

Adonías   Si el reino israelita se heredara
por el más delicado, tierno y bello,
aunque no soy yo monstruo en cuerpo y cara,
a tu yugo humillara el reino el cuello;
cada tribu hechizada se enhilara
en el oro de Ofir de tu cabello,
y convirtiendo hazañas en deleites
te pecharan en cintas y en afeites.
     Redujeras a darnas tu consejo,
a trenzas tu corona, y a un estrado
el solio de tu ilustre padre viejo;
las armas a la holanda y al brocado;
por escudo tomaras un espejo,
y de tu misma vista enamorado,
en lugar de la espada a que me aplico,
esgrimieras, tal vez, el abanico.
     Mayorazgo te dio Naturaleza
con que los ojos de Israel suspendes;
el cielo ha puesto renta en tu cabeza,
pues sus madejas a las damas vendes;
cada año, haciendo esquilmos tu belleza,
cuando aliviarla de su peso entiendes,
repartiendo por tierras su tesoro
se compran en doscientos siclos de oro.
     De tu belleza ser el rey procura;
déjame a mí, Israel, que haces agravio
a tu delicadeza, a tu blandura.

Absalón   Cierra, villano, el atrevido labio;

que el reino se debía a la hermosura,
a pesar de tu envidia, dijo un sabio,
señal que es noble el alma que está en ella,
que el huésped bello habita en casa bella.
   Cuando mi padre al enemigo asalta
no me quedo en la corte, dando al ocio
lascivos años, ni el valor les falta
que, con mis hechos, quilatar negocio;
mi acero incircuncisa sangre esmalta;
la guerra, que jubila al sacerdocio,
en mis hazañas enseñar procura
cuán bien dice el valor con la hermosura.
   Mas, ¿para qué lo que es tan cierto he puesto
en duda con razones? Haga alarde
la espada contra quien te has descompuesto,
si porque soy hermoso soy cobarde.

Adonías   Por adorno no más te la habrás puesto.
No la saques así, el amor te guarde,
que te desmayarás si la ves fuera.

Absalón   ¡Si no saliera el rey!

Adonías   ¡Si no saliera!

  (Salen el rey David y Salomón.)

David   Bersabé, vuestra madre me ha pedido
por vos, mi Salomón; creced, sed hombre,
que si amado de Dios sois, y querido,
conforme significa vuestro nombre,
yo espero en él, que al trono real subido,
futuros siglos vuestra fama asombre.

| Salomón | Vendráme, gran señor, esa alabanza |
| | por ser de vos retrato y semejanza. |

| David | Príncipes... |

| Absalón | Gran señor.... |

| David | ¿En qué se entiende? |

Adonías	La paz ocupa el tiempo en novedades;
	galas la mocedad al gusto vende,
	si el desengaño a la vejez verdades.

Absalón	La caza, que del ocio nos defiende,
	nos convida a correr sus soledades;
	ésta tragamos y tras ella fiestas.

| David | ¡Válgame Dios! ¿Qué voces serán éstas? |

(Sale Tamar descabellada y de luto.)

Tamar	Gran monarca de Israel,
	descendiente del León,
	que para vengar injurias
	dio a Judá el viejo Jacob,
	si lágrimas, si suspiros,
	si mi compasiva voz,
	si lutos, si menosprecios
	te mueven a compasión,
	y cuando aquesto no baste,
	si el ser hija tuya yo
	a que castigues te incita
	al que tu sangre afrentó,
	por los ojos vierto el alma,

luto traigo por mi honor,
suspiros al cielo envío,
de inocencias vengador.
Cubierta está mi cabeza
de ceniza; que un amor
desatinado, si es fuego,
solo deja en galardón
cenizas que lleva el aire;
mas, aunque cenizas son,
no quitarán mancha de honra,
sangre sí, que es buen jabón.
La mortal enfermedad
del torpe príncipe Amón,
peste de la honra fue;
pegóme su contagión.
Que le guisase mandaste,
alguna cosa a sabor
de su postrado apetito...
¡Ponzoña fuera mejor!
Sazónele una sustancia;
mas las sustancias no son
de provecho, si se oponen
accidentes de afición.
Estaba el hambre en el alma,
y en mi desdicha, guisó
su desvergüenza mi agravio;
sazonóle la ocasión,
y sin advertir mis quejas,
ni el proponerle que soy
tu hija, rey, y su hermana,
su estado, su ley, su Dios,
echando la gente fuera
a puerta cerrada entró
en el templo de la fama

y sagrado del honor.
Aborrecióme ofendida;
no me espanto; que al fin son
enemigas declaradas
la esperanza y posesión.
Echóme injuriosamente
de su casa el violador,
oprobios por gustos dando.
¡Paga, en fin, de tal señor!
Deshonrada por sus calles
tu corte mi llanto oyó.
Sus piedras se compadecen,
cubre sus rayos el Sol
entre nubes, por no ver
caso tan fiero y atroz.
Todos te piden justicia.
¡Justicia, invicto señor!
Dirás que es Amón tu sangre.
El vicio la corrompió,
sángrate de ella, si quieres,
dejar vivo tu valor.
Hijos tienes herederos;
semejanza tuya son
en el esfuerzo y virtudes;
no dejes por sucesor
quien, deshonrando a su hermana,
menoscaba tu opinión;
pues mejor afrentará
los que tus vasallos son.
Ea, sangre generosa
de Abrahán si su valor
contra el inocente hijo
el cuchillo levantó,
uno tuvo, muchos tienes;

inocente fue, Amón no;
a Dios sirvió así Abrahán,
así servirás a Dios.
Véncete, rey, a ti mismo;
la justicia, a la pasión
se anteponga; que es más gloria
que hacer piezas al león.
Hermanos, pedid conmigo
justicia. Bello Absalón,
un padre nos ha engendrado,
una madre nos parió;
a los demás no les cabe
de mi deshonra y baldón
sino sola la mitad;
mis medios hermanos son;
vos lo sois de padre y madre;
entera satisfacción
tomad, o en eterna afrenta
vivid sin fama desde hoy.
¡Padre, hermanos, israelitas,
calles, puertas, cielos, Sol,
brutos, peces, aves, plantas,
elementos, campos, Dios...!
¡Justicia os pido a todos de un traidor,
de su ley y su hermana violador!

David   Alzad, infanta, del suelo.
Llamadme al príncipe Amón.
¿Esto es, cielos, tener hijos?
Mudo me deja el dolor;
hablad ojos si podéis,
sentid mi mal, lenguas sois.
¡Lágrimas serán palabras
que expliquen al corazón!

Rey me llama la justicia;
padre me llama el amor,
uno obliga y otro impele,
¿cuál vencerá de los dos?

Absalón   Hermana —¡nunca lo fueras!—
da lugar a la razón;
pues no le halla la venganza;
freno a tus lágrimas pon.
Amón es tu hermano y sangre;
a sí mismo se afrentó;
puertas adentro se quede
mi agravio y tu deshonor.
Mi hacienda está en Efraín,
granjas tengo en Bahalasor:
casas fueron de placer,
ya son casas de dolor.
Vivirás conmigo en ellas
que, mujer sin opinión,
no es bien que en cortes habite,
muerta su reputación.
Vamos a ver si los tiempos
tan sabios médicos son
que, con remedios de olvido,
den alivio a tu dolor.

Tamar   Bien dices; viva entre fieras
quien entre hombres se perdió;
que a estar con ellas, yo sé
que no muriera mi honor.

(Vase Tamar.)

Absalón (Aparte.)   (Incestuoso tirano,

pronto cobrará Absalón,
quitándote vida y reino,
debida satisfacción.)

(Vase Absalón.)

Adonías   A tan portentoso caso,
no hay palabras, no hay razón
que aconsejen y consuelen;
triste y confuso me voy.

(Vase Adonías.)

Salomón   La Infanta es hermana mía,
del príncipe hermano soy;
la afrenta de Tamar siento,
temo el peligro de Amón.
El rey es santo y prudente,
el suceso causa horror;
más vale dar con el tiempo
lugar a la admiración.

(Vase Salomón. Sale temeroso Amón; David está llorando.)

Amón   El rey, mi señor, me llama.
¿Iré ante el rey, mi señor?
¿Su cara osaré mirar
sin vergüenza ni temor?
Temblando estoy a la nieve
de aquestas canas; que son
los pecados, frías cenizas
del fuego que encendió amor.
¡Qué animoso, antes del vicio,
anda siempre el pecador!

¡Cometido, qué cobarde!

David   Príncipe...

Amón   A tus pies estoy.

(De rodillas, lejos.)

David (Aparte.)   (¿No ha de poder la justicia
                         aquí, más que la afición?
                         Soy padre, también soy rey
                         es mi hijo, fue agresor;
                         piedad sus ojos me piden,
                         la infanta satisfacción.
                         Prenderéle en escarmiento
                         de este insulto. Pero, no;
                         levántase de la cama
                         de su pálido color
                         sus temores conjeturo.
                         Pero ¿qué es de mi valor?
                         ¿Qué dirá de mí Israel
                         con tan necia remisión?
                         Viva la justicia, y muera
                         el príncipe violador.)
(A Amón.)   Amón.

Amón   Amoroso padre.

David (Aparte.)   (El alma me traspasó.
                         Padre amoroso me llama.
                         Socorro pide a mi amor...
                         Pero, muera...) ¿Cómo estás?

(Vuélvese a Amón furioso, y en viéndole se enternece.)

Amón   Piadoso padre, mejor.

David (Aparte.)   (En mirándole, es de cera
                         mi enojo, y su cara es Sol.
                         El adulterio homicida,
                         con ser rey, me perdonó
                         el Justo Juez, porque dije
                         un pequé de corazón.
                         Venció en Él a la justicia
                         la piedad; su imagen soy;
                         el castigo es mano izquierda,
                         mano es derecha el perdón,
                         pues ser izquierdo es defecto...)
(A Amón.)   Mirad, príncipe, por vos;
               cuidad de vuestro regalo.
(Aparte.)   (¡Ay, prenda del corazón!)

     (Vase el rey David.)

Amón   ¡Oh poderosas hazañas
              del Amor, único dios
              que hoy a David ha vencido
              siendo rey y vencedor!
              Que mirase por mí, dijo;
              blandamente me avisó;
              el castigo del prudente
              es la tácita objeción.
              Temió darme pesadumbre;
              por entendido me doy;
              yo pagaré amor tan grande
              con no ofenderle desde hoy.

     (Vase. Sale Absalón, solo.)

Absalón   ¿Que una razón no le dijo
en señal de sus enojos?
¡Ni un severo mirar de ojos!
Hija es Tamar, si él es hijo.
Mas, no importa; que ya elijo
la justa satisfacción
que a mi padre la pasión
de Amor ciega, pues no ve.
Con su muerte cumpliré
la justicia y mi ambición.
   No es bien que reine en el mundo
quien no reina en su apetito.
En mi dicha y su delito
todo mi derecho fundo.
Hijo soy del rey, segundo.
Ha por sus culpas primero;
hablar a mi padre quiero
y del sueño despertarle
con que ha podido hechizarle
Amor, siempre lisonjero.
   Aquí está. Pero ¿qué es esto?

(Tira una cortina y descúbrese un bufete, y sobre él una fuente y en ella
una corona de oro de rey.)

¿La corona en una fuente
con que ciñe la real frente
mi padre, grave y compuesto?
La mesa el plato me ha puesto
que ha tanto que he deseado;
debo de ser convidado;
si el reinar es tan sabroso
como afirma el ambicioso,

101

no es de perder tal bocado.
　Amón no os ha de gozar,
cerco, en quien mi dicha encierro;
que sois vos de oro, y fue hierro
el que deshonró a Tamar.
Mi cabeza quiero honrar
con vuestro círculo bello;
mas rehusaréis el hacello,
pues aunque en ella os encumbre,
temblaréis de que os deslumbre
el oro de mi cabello.

(Corónase.)　　Bien me estáis; vendréisme así
nacida, y no digo mal,
pues nací de sangre real
y vos nacéis para mí.
¿Sabréos merecer yo? Sí.
¿Y conservaros? También.
¿Quién hay en Jerusalén
que lo estorbe? Amón. ¡Matarle!
Mi padre que ha de vengarle...
¡Matar a mi padre!

　(Sale el rey David.)

David　　　　　　　　　　¿A quién?

　(Saca la espada Absalón, sálele al encuentro David y hállale coronado.)

Absalón　　　¡Ay, cielos! A quien no es
vasallo de vuestra alteza.

　(Arrodíllase.)

David　　　Coronada tu cabeza,

no dices bien a mis pies.

Absalón   Pienso heredarte después;
que anda el príncipe indispuesto.

David   Hástela puesto muy presto.
No serás sucesor suyo;
que de esa corona arguyo,
que como llega a valer
un talento, ha menester
mayor talento que el tuyo.
   En fin, ¿me quieres matar?

Absalón   ¿Yo?

David   ¿No acabas de decirlo?

Absalón   Si llegaras bien a oírlo,
mi fe habías de premiar;
si vengo, dije, a reinar
vivo tú en Jerusalén,
mi enojo probará quien
fama por traidor adquiere,
y por ser tirano, quiere
matar a mi padre.

David   Bien.
  ¿Pues quién hay a quien le cuadre
tal título?

Absalón   No sé yo...
Quien a su hermana forzó
también matará a su padre.

David	Por ser los dos de una madre,
	contra Amón te has indignado;
	pues ten por averiguado
	que quien fuere su enemigo
	no ha de tener paz conmigo.

Absalón	Sin razón te has enojado.
	¡Solo yo, te hallo cruel!

David	¿Qué mucho, si tú lo estás
	con Amón?

Absalón	No le ama más
	que yo, nadie en Israel;
	antes, gran señor, con él
	y los príncipes quisiera
	que vuestra alteza viniera
	al esquilmo, que ha empezado
	en Balhasor mi ganado,
	y que esta merced me hiciera.
	Tan lejos de desatinos
	y venganzas necias vengo,
	que allí banquetes prevengo
	de tales personas dinos;
	honre nuestros vellocinos
	vuestra presencia, señor,
	y divierta allí el dolor
	que le causa este suceso;
	conocerá que intereso
	granjear solo su amor.

David	Tú fueras el fénix de él,
	si estas cosas olvidaras,
	y al príncipe perdonaras,

no vil Caín, sino Abel.

Absalón   Si hiciera venganza en él,
plegue a Dios que me haga guerra
cuanto el Sol dora y encierra,
y contra ti rebelado,
de mis cabellos colgado
muera, entre el cielo y la tierra.

David   Si eso cumples, Absalón,
mocedades te perdono;
con los brazos te corono,
si mejor corona son.

Absalón   En mis labios los pies pon,
y añade a tantas mercedes,
porque satisfecho quedes,
señor, el venir a honrar
mi esquilmo, pues da lugar
la paz y alegrarte puedes.

David   Harémoste mucho gasto.
No, hijo, goza tu hacienda;
al reino pide que atienda
la vejez que en canas gasto.

Absalón   Pues a obligarte no basto
a esta merced, da licencia,
que, supliendo tu presencia
Adonías, Salomón,
hagan, yendo con Amón,
de mi amor noble experiencia.

David   ¿Amón? Eso no hijo mío.

Absalón	Si melancólico está,
	sus penas divertirá
	el ganado, el campo, el río.

| David | Temo que algún desvarío |
| | dé nueva causa a mi llanto. |

| Absalón | De la poca fe me espanto |
| | que tiene mi amor contigo. |

David	La experiencia en esto sigo,
	que cuando con el disfraz
	viene el agravio, de paz,
	es el mayor enemigo.

Absalón	Antes el gusto y regalo
	que he de hacerle ha de abonarme;
	en esto pienso esmerarme.

| David | Nunca el recelar fue malo. |

Absalón	¡Plegue al cielo que sea un palo
	alguacil que me suspenda
	cuando yo al príncipe ofenda!
	No me alzaré de tus pies,
	padre, hasta que a Amón me des.

David	Del alma es la mejor prenda.
	Pero en fe de que confío
	en ti, yo te lo concedo.

| Absalón | Cierto ya de tu amor quedo. |

David (Aparte.)   (¿De qué dudáis, temor frío?)

Absalón   Voyle a avisar.

David   Hijo mío,
          en olvido agravio pon.

Absalón   No temas.

David   ¡Ay, mi Absalón!
          ¡Lo mucho que te amo pruebas!

Absalón   Adiós.

David   Mira que me llevas
          la mitad del corazón.

   (Vanse los dos. Salen Tirso, Braulio, Aliso, Riselo, Ardelio, ganaderos, y
Tamar de pastora, rebozada la cara con la toca. Cantan.)

Unos   «Al esquilmo, ganaderos
          que balan las ovejas y los carneros.»

Otros   «Ganaderos, a esquilmar,
          que llama los pastores el mayoral.»

Uno   «El Amor trasquila
          la lana que dan,
          los amantes mansos
          que a su aprisco van,
          trasquila la dama
          al pobre galán,
          aunque no es su oficio
          sino repelar.

Trasquila el alcalde
al que preso está,
y si entró con lana
en puribus va.
Pela el escriben,
porque escribanar
con pluma con pelo
de comer le da.
Pela el alguacil
hasta no dejar
vellón en la bolsa,
plata, otro que tal.
El letrado pela,
pela el oficial,
que hay mil peladores.
si pelones hay.»

Todos   «Al esquilmo, ganaderos,
             que balan las ovejas y los carneros;
             ganaderos, a esquilmar,
             que llama a los zagales el mayoral.»

Tirso   Dichosas serán desde hoy
             las reses que en el Jordán
             cristales líquidos beben,
             y en tomillos pacen sal.
             Ya con vuestra hermosa vista
             yerba el prado brotará,
             por más que la seque el Sol,
             pues vos sus campos pisáis.
             ¿De qué estáis melanconiosa
             hermosísima Tamar,
             pues con vuestros ojos bellos
             estos montes alegráis?

Si dicen que está la corte
do quiera que el rey está,
y vos sois reina en belleza,
la corte es ésta, no hay más.
La infantica, entretenéos,
vuesa hermosura mirad
en las aguas que os ofrecen
por espejo su cristal.

Tamar   Temo de mirarme a ellas.

Braulio   Si es por no os enamorar
de vos misma, bien hacéis,
que a la he que quillotráis
desde el alma a la asadura
a cuantos viéndoos están,
y que para mal de muchos
el dimuño os trujo acá.
Mas, asomaos con todo eso,
veréis cómo os retratáis
en la tabla de este río
si en ella a vos os miráis;
y haréis un cuadro valiente,
que porque le guarnezcáis,
las flores de oro y azul
de marco le servirán.
¡Honradla, miraos a ella!

Tamar   Aunque hermosa me llamáis,
tengo una mancha afrentosa.
Si la veo he de llorar.

Aliso   ¿Manchas tenéis? Y aun por eso,
que aquí los espejos que hay,

si manchas muestran, las quitan,
enseñando al amistad.
Allá los espejos son
solo para señalar
faltas, que viéndose en vidrio,
con ellas en rostro dan;
acá, son espejos de agua
que a los que a mirarse van,
muestran manchas y las quitan,
en llegándose a lavar.

Tamar   Si agua esta mancha quitara,
harta agua mis ojos dan;
solo a borrarla es bastante
la sangre de un desleal.

Riselo   No vi en mi vida tal muda.
Miel virgen afeita acá,
que ya hasta las caras venden
postiza virginidad.
¿Son pecas?

Tamar   Pecados son.

Ardelio   Cubrirlas con solimán.

Tamar   No queda, pastor, por eso;
toda yo soy rejalgar.

Tirso   ¿Es algún lunar, acaso,
que con la toca tapáis?

Tamar   No se muda cual la Luna,
ni es la deshonra lunar.

Tirso   Pues sea lo que se huere,
                    pardiez, que hemos de cantar
                    y aliviar la pesadumbre;
                    que es locura lo demás.

(Cantan.)

Todos   «Que si estáis triste, la Infanta,
                    todo el tiempo lo acaba;
                    desdenes de amor,
                    la ausencia los sana;
                    para desengaños
                    buena es la mudanza;
                    si atormentan celos
                    darlos a quien ama;
                    para la vejez,
                    arrimar las armas;
                    para mujer pobre,
                    gastar lo que basta;
                    para mal de ausencia,
                    juegos hay y cazas;
                    para excusar penas,
                    estudiar en casa;
                    para agravios de honra,
                    perdón o venganza,
                    que si triste estáis, la infanta,
                    todo el tiempo lo acaba.»

(Sale Laureta con un tabaque de flores.)

Laureta   Todas estas flores bellas
                    a la primavera he hurtado;
                    que pues de Amor sois el prado,

competir podéis con ellas.
   Lleno viene este cestillo
de las más frescas y hermosas,
yerbas, jazmines y rosas,
desde el clavel al tomillo.
   Aquí está la manutisa,
la estrella mar turquesada,
con la violeta morada
que Amor, porque huela, pisa;
   el sándalo, el pajarillo,
alelíes, siete ramas,
azucenas y retamas,
madreselva e hisopillo.
   Tomadlos, que son despojos
del campo, y juntad con ellos
labios, aliento y cabellos,
pechos, frente, cejas y ojos.

Tamar   Todas las que abril esmalta,
pierden en mí su valor,
Laureta, porque la flor
que más me importa, me falta.

(Dale unas violetas y póneselas Tamar en los pechos.)

Tirso   Ya vendréis a adivinar
sueños o cosas de risa;
que, como sois pitonisa,
consolaréis a Tamar.
   Laureta, diz que tratáis
con el diablo.

Ardelio   Ya han venido
los príncipes, que han querido

112

	honrarnos hoy.

Tirso   ¿Qué aguardáis?

Ardelio   Mientras el convite pasa,
                    al soto apacible vamos,
                    y de flores, yerba y ramos
                    entapicemos la casa.

Tirso   Ardelio, tenéis razón;
                    démonos prisa, pastores;
                    pero, ¿qué ramos ni flores
                    hay como ver a Absalón?

   (Vanse los pastores.)

Tamar   Vámonos de aquí, Laureta.

Laureta   ¿Para qué? Bien disfrazada
                    estás.

Tamar   Di mal injuriada.

Laureta   Olvida, si eres discreta.

Tamar   Bien dijo, aunque ése es buen medio,
                    un ingenio singular:
                    «El remedio era olvidar,
                    y olvidóseme el remedio.»

   (Salen Amón, Absalón, Adonías y Salomón.)

Amón   Bello está el campo.

Absalón	Es el Mayo, el mes galán, todo flor.
Adonías	A lo menos labrador, según agirona el sayo.
Amón	Oíd, que hay aquí serranas, y no de mal aire y brío.
Absalón	De mi hacienda son, y os fío que envidien las cortesanas su no ayudada hermosura.
Amón	¡Bien haya quien la belleza debe a la naturaleza, no al afeite y compostura!
Absalón	Ésta es mujer tan curiosa, que de lo futuro avisa; tiénenla por pitonisa estos rústicos.
Salomón	Y, ¿es cosa de importancia?
Amón	De esta gente hacer caso es vanidad; tal vez dirá la verdad, y después mentiras veinte, Mas, ¿quién es la rebozada?
Absalón	Es una hermosa pastora, que injurias de su honra llora y espera verse vengada.

Amón   Ella tiene buena flema.
                ¿No la veremos?

Absalón   No quiere,
                mientras sin honra estuviere,
                descubrirse.

Amón   Linda flema.
(A Laureta.)   Ahora bien, con vos me entiendo.
                Llegáos, mi serrana, acá.

Laureta   Su alteza pretenderá,
                y después iráse huyendo.

Amón   Bien parecéis adivina.
                Llena de flores venís;
                ¿cómo no las repartís,
                si el ser cortés os inclina?

Laureta   Estos prados son teatro
                do representa Amaltea.
                ¡Mas, porque no os quejéis, ea,
                a cada cual de los cuatro
                    tengo de dar una flor!

Amón   Y esotra serrana, ¿es muda?
                Quita el rebozo

Laureta   Está en muda.

Amón   ¿Mudas hay acá?

Laureta   De honor.

Amón	Y, ¿hay honor entre villanas?
Laureta	Y con más firmeza está; que no hay príncipes acá ni fáciles cortesanas. Pero dejémonos de esto, y va de flor.
Amón	¿Cuál me cabe?

(Aparte a cada uno.)

Laureta	Esta azucena suave.
Amón	Eso es picarme de honesto.
Laureta	Yo sé que olerla os agrada pero no la deshojéis, que la espadaña que veis, tiene la forma de espada;

(Dale una azucena con una espadaña.)

y aquesos granillos de oro,
aunque a la vista recrean,
manchan si los manosean,
porque estriba su tesoro
    en ser intactos; dejaos,
Amón, de deshojar flor
con espadañas de honor
y si la ofendéis, guardaos.

Amón	Yo estimo vuestro consejo.

116

(Aparte.)	(¡Demonio es esta mujer!)
Salomón	¿Qué os ha dicho?
Amón	No hay que hacer caso; por loca la dejo.
Adonías	¿Qué flor me cabe a mí?
Laureta	Extraña; espuela de caballero.
Adonías	Bien por el nombre la quiero.
Laureta	A veces la espuela daña.
Adonías	Diestro soy.
Laureta	Si lo sois, alto; pero guardaos, si os agrada de una doncella casada, no os perdáis por picar alto.
Adonías	No os entiendo.
Absalón	Yo me quedo postrero; id, hermanos, vos.
Salomón (A Laureta.)	Confusos vienen los dos. Si acaso obligaros puedo, más conmigo os declarad.
Laureta	Ésta es corona de rey, flor de vista, olor y ley;

sus propiedades gozad,
  que aunque rey seréis espejo,
y el mayor de los mejores,
temo que os perdáis por flores
de Amor, si sois mozo viejo.

Amón   ¡Buena flor!

Salomón   Con su pimienta.

Absalón   ¿Cábeme a mí?

Laureta   Este narciso.

Absalón   Ése a sí mismo se quiso.

Laureta   Pues tened, Absalón, cuenta
  con él, y no os queráis tanto;
que de puro engrandeceros,
estimaros y quereros,
de Israel seáis espanto.
  Vuestra hermosura enloquece
a toda vuestra nación.
Narciso sois, Absalón,
que también os desvanece.
  Cortaos esos hilos bellos,
que si los dejáis crecer
os habéis presto de ver
en alto por los cabellos.

(Vase Laureta.)

Absalón (Aparte.)   Espera. Fuese. (Si en alto
  por los cabellos me veo,

cumpliráse mi deseo.
Al reino he de dar asalto.
   ¿En alto por los cabellos?
Mi hermosura ha de obligar
a Israel, que a coronar
me venga, loco por ellos.)

Amón   Confuso os habéis quedado.

Absalón   ¡Príncipes, alto, a comer!
(Aparte.)   (Sobre el trono me han de ver,
de mi padre, coronado.
   Muera en el convite Amón,
quede vengada Tamar;
dé la corona lugar
a que la herede Absalón.)

   (Sale un Criado.)

Criado   La comida que se enfría,
a vuestras altezas llama.

Amón (Aparte.)   (De aquesta serrana dama
ver la cara gustaría.)
(A Absalón.)   Idos, hermano, con ellos.

Absalón   No nos hagáis esperar.
(Aparte.)   (Reinando, vengo a quedar
en alto por los cabellos.)

   (Vanse todos, menos Amón y Tamar.)

Amón   Yo, serrana, estoy picado
de esos ojos lisonjeros,

que deben de ser fulleros,
pues el alma me han ganado.
  ¿Queréisme, vos, despicar?

Tamar   Cansaraos el juego presto,
y en ganando el primer resto
luego os querréis levantar.

Amón   ¡Buenas manos!

Tamar   De pastora.

Amón   Dadme una.

Tamar   Será en vano
dar mano a quien da de mano
y ya aborrece, ya adora.

Amón   Llegaréosla yo a tomar,
pues su hermosura me esfuerza.

Tamar   ¿A tomar? ¿Cómo?

Amón   Por fuerza.

Tamar   ¡Qué amigo sois de forzar!

Amón   Basta; que aquí todas dais
en adivinas.

Tamar   Queremos
estudiar, cómo sabremos
burlaros, pues nos burláis.

Amón	¿Flores traéis vos también?
Tamar	Cada cual, humilde o alta, busca aquello que le falta.
Amón	Serrana, yo os quiero bien. Dadme una flor.
Tamar	¡Buen floreo os traéis! Creed, señor, que a no perder yo una flor, no sintiera el mal que veo.
Amón	Una flor he de tomar.
Tamar	Flor de Tamar, diréis bien.
Amón	Forzaréos. Dadla por bien.
Tamar	¡Qué amigo sois de forzar! Pero, tomad, si os agrada.
Amón	¿Violetas?

(Dale las violetas.)

Tamar	Para alegraros; porque yo no puedo daros, Amón, sino flor violada.
Amón	¡Eso es mucho adivinar! Destapaos.
Tamar	Apártese.

Amón	Por fuerza os descubriré.

(Descúbrela.)

Tamar	¡Qué amigo sois de forzar!

Amón   ¡Ay, cielos! Monstruo. ¿Tú eres?
¡Quién los ojos se sacara
primero que te mirara,
afrenta de las mujeres!
    Voyme, y pienso que sin vida;
que tu vista me mató.
No esperaba, cielos, yo,
tal principio de comida.

(Vase Amón.)

Tamar   Peor postre te han de dar,
¡bárbaro, cruel, ingrato,
pues será el último plato
la venganza de Tamar!

(Vase Tamar. Salen los pastores con ramos y cantando.)

Todos   «A las puertas de nuesos amos
vamos, vamos,
vamos a poner ramos.»

Uno   «A Absalón el bello,
alamico negro,
cinamono y cedro,
y palma ofrezcamos.»

Todos	«Vamos, vamos,
	vamos a poner ramos.»

Otro	«Al mozo Adonías
	dé las maravillas
	rosa y clavellinas,
	guirnaldas tejamos.»

Todos	«Vamos, vamos,
	vamos a poner ramos.»

Uno	«Al príncipe nueso
	de ciprés funesto
	y taray espeso
	coronas tejamos.»

Todos	«Vamos, vamos,
	vamos a poner ramos.»

Otro	«Salomón prudente
	ceñirá su frente
	del laurel valiente
	que alegres cortamos.»

Todos	«Vamos, vamos,
	vamos a poner ramos.»

(Gritan desde adentro, y hacen ruido de golpes y cáense mesas y vajillas, y luego salen huyendo Salomón y Adonías.)

Absalón (Dentro.)	La comida has de pagar
	dándote muerte, villano.

| Amón (Dentro.) | ¿Por qué me matas, hermano? |

Absalón (Dentro.)   Por dar venganza a Tamar.

Amón (Dentro.)   ¡Cielos, piedad! ¡Muerto soy!

Salomón   Huye.

Adonías   ¡Oh, bárbaro sin ley;
todos los hijos del rey
por reinar perecen hoy!

(Vanse huyendo Adonías y Salomón.)

Tirso   ¡Oxté puto! Esto va malo.

Ardelio   Huyamos, no nos alcance
algún golpe en este lance.

Braulio   Mirad qué negro regalo
de convite.

Tirso   ¡Oh, mi cebolla!
¡Más os quiero que Absalón
sus pavos!

Ardelio   Tirso, chitón,
que nos darán en la cholla.

(Vanse los pastores. Descúbrense aparadores de plata, caídas las vajillas, y una mesa llena de manjares y descompuesta; los manteles ensangrentados, y Amón sobre la mesa, asentado y caído de espaldas en ella, con una daga en una mano y un cuchillo en la otra, atravesada por la garganta una daga; y salen Absalón y Tamar.)

Absalón	Para ti, hermana, se ha hecho
	el convite; aqueste plato,
	aunque de manjar ingrato,
	nuestro agravio ha satisfecho.
	Hágate muy buen provecho.
	Bebe su sangre, Tamar;
	procura en ella lavar
	tu fama, hasta aquí manchada;
	caliente, está la colada,
	fácil la puedes sacar.
	A Gesur huyendo voy,
	que es su rey mi abuelo y padre
	de nuestra injuriada madre.
Tamar	Gracias a los cielos doy,
	que no lloraré desde hoy
	mi agravio, hermano valiente;
	ya podré mirar la gente,
	resucitando mi honor;
	que la sangre del traidor
	es blasón del inocente.
	Quédate, bárbaro, ingrato,
	que en buen túmulo te han puesto;
	sepulcro del deshonesto
	es la mesa, taza y plato.
Absalón	Heredar el reino trato.
Tamar	¿Déntele los cielos bellos!
Absalón	Amigos tengo, y por ellos,
	como dijo la mujer,
	todo Israel me ha de ver
	en alto por los cabellos.

125

(Vanse los dos y encúbrese la apariencia. Sale el rey David solo.)

David   ¡Amón, príncipe, hijo mío!
Si eres tú, pide al deseo
albricias, que los instantes
juzga por siglos eternos.
Gracias a Dios que a pesar
de sospechas y recelos,
con tu vista restituyo
la vida que sin ti pierdo.
¿Cómo vienes? ¿Cómo estás?
¿Podré, enlazando tu cuello,
imprimir lirios en rosas;
guarnecer oro en acero?

(Va a abrazarle y solo encuentra el vacío.)

        Dame los amados brazos.
¡Ay, engaños lisonjeros!
¿Por qué con burlas pesadas
me hacéis abrazar los vientos?
Como la madre acallando
al hijo que tiene al pecho,
¿me enseñas la joya de oro
para escondérmela luego?
Como en la navegación
prolija, ¿en celajes negros
fingidos montes me pintas,
siendo mentiras de lejos?
Como fruta de pincel,
como hermosura en espejo,
como tesoro soñado,
como la fuente al enfermo,

126

¿burladoras esperanzas
engañáis mis pensamientos
para acrecentar pesares,
para atormentar desvelos?
¡Amón mío! ¿Dónde estás?
Deshaga el temor los celos,
el Sol de tu cara, hermoso,
remoce tu vista a un viejo.
¿Si se habrá Absalón vengado?
¿Si habréis sido, como temo,
hijo caro de mis ojos,
de sus esquilmos cordero?
No. ¡Que es vuestro hermano en fin!
La sangre hierve sin fuego.
¡Mas, ay! Que es sangre heredada
de quien a su hermano mesmo
vendió, y llorará David
como Jacob, en sabiendo
si a Josefo mató la envidia,
que a Amón la venganza ha muerto.
Absalón, ¿no me juró
no agraviarlo? ¿De qué tiemblo?
Pero, el amor y el agravio
nunca guardan juramento.
La esperanza y el temor,
en este confuso pleito,
alegan en pro y en contra.
¡Sentenciad en favor, cielos!
Caballos suenan, ¿si serán
mis amados hijos éstos?
Alma, asomaos a los ojos.
Ojos, abríos para verlos.
Grillos echa el temor frío
a los pies, cuando el deseo

se arroja por las ventanas.

(Salen muy tristes Adonías y Salomón.)

David   ¡Hijos!

Adonías   Señor...

David   ¿Venis buenos?
             ¿Qué es de vuestros dos hermanos?
             ¿Calláis? Siempre fue el silencio
             embajador de desgracias.
             ¿Lloráis? Hartos mensajeros
             mis sospechas certifican.
             ¡Ay, adivinos recelos!
             ¿Mató Absalón a su hermano?

Salomón   Sí, señor.

David   Pierda el consuelo
             la esperanza de volver
             al alma, pues a Amón pierdo.
             Tome eterna posesión
             el llanto, porque sea eterno
             de mis infelices ojos
             hasta que los deje ciegos.
             Lástimas hable mi lengua.
             No escuchen sino lamentos
             mis oídos lastimosos
             ¡Ay, mi Amón! ¡Ay, mi heredero!
             Llore tu padre con Jacob diciendo:
             ¡Hijo, una fiera pésima te ha muerto!

Autor   Y de Tamar la historia prodigiosa

acaba aquí en tragedia lastimosa.

Fin de la comedia

Libros a la carta

A la carta es un servicio especializado para

empresas,

librerías,

bibliotecas,

editoriales

y centros de enseñanza;

y permite confeccionar libros que, por su formato y concepción, sirven a los propósitos más específicos de estas instituciones.

Las empresas nos encargan ediciones personalizadas para marketing editorial o para regalos institucionales. Y los interesados solicitan, a título personal, ediciones antiguas, o no disponibles en el mercado; y las acompañan con notas y comentarios críticos.

Las ediciones tienen como apoyo un libro de estilo con todo tipo de referencias sobre los criterios de tratamiento tipográfico aplicados a nuestros libros que puede ser consultado en Linkgua-ediciones.com.

Linkgua edita por encargo diferentes versiones de una misma obra con distintos tratamientos ortotipográficos (actualizaciones de carácter divulgativo de un clásico, o versiones estrictamente fieles a la edición original de referencia).

Este servicio de ediciones a la carta le permitirá, si usted se dedica a la enseñanza, tener una forma de hacer pública su interpretación de un texto y, sobre una versión digitalizada «base», usted podrá introducir interpretaciones del texto fuente. Es un tópico que los profesores denuncien en clase los desmanes de una edición, o vayan comentando errores de interpretación de un texto y esta es una solución útil a esa necesidad del mundo académico.

Asimismo publicamos de manera sistemática, en un mismo catálogo, tesis doctorales y actas de congresos académicos, que son distribuidas a través de nuestra Web.

El servicio de «libros a la carta» funciona de dos formas.

1. Tenemos un fondo de libros digitalizados que usted puede personalizar en tiradas de al menos cinco ejemplares. Estas personalizaciones pueden ser de todo tipo: añadir notas de clase para uso de un grupo de estudiantes,

introducir logos corporativos para uso con fines de marketing empresarial, etc. etc.

2. Buscamos libros descatalogados de otras editoriales y los reeditamos en tiradas cortas a petición de un cliente.

www.ingramcontent.com/pod-product-compliance
Lightning Source LLC
Chambersburg PA
CBHW030730150426
42813CB00051B/389